产能均衡动态监测及失衡风险预警研究

曹颖琦 著

RESEARCH ON DYNAMIC MONITORING OF CAPACITY BALANCE
AND EARLY WARNING OF IMBALANCE RISK

西南财经大学出版社
Southwestern University of Finance & Economics Press

中国·成都

图书在版编目(CIP)数据

产能均衡动态监测及失衡风险预警研究/曹颖琦著.—成都:西南
财经大学出版社,2022.12
ISBN 978-7-5504-5505-4

Ⅰ.①产… Ⅱ.①曹… Ⅲ.①工业生产—均衡生产—生产管理—
研究—中国 Ⅳ.①F425.2

中国版本图书馆 CIP 数据核字(2022)第 150062 号

产能均衡动态监测及失衡风险预警研究

CHANNENG JUNHENG DONGTAI JIANCE JI SHIHENG FENGXIAN YUJING YANJIU

曹颖琦 著

责任编辑:植苗
责任校对:廖韧
封面设计:何东琳设计工作室
责任印制:朱曼丽

出版发行	西南财经大学出版社(四川省成都市光华村街 55 号)
网 址	http://cbs.swufe.edu.cn
电子邮件	bookcj@swufe.edu.cn
邮政编码	610074
电 话	028-87353785
照 排	四川胜翔数码印务设计有限公司
印 刷	四川煤田地质制图印务有限责任公司
成品尺寸	170mm×240mm
印 张	11.75
字 数	287 千字
版 次	2022 年 12 月第 1 版
印 次	2022 年 12 月第 1 次印刷
书 号	ISBN 978-7-5504-5505-4
定 价	78.00 元

前言

    产能均衡发展是新工业化发展的前提和保障，是提升经济发展质量、稳定经济增长的重要基础。产能失衡包括产能供给不足和产能过剩两种表现形式。20世纪90年代初期，工业经济主要表现为产能供给不足，被称为"短缺"经济。到了20世纪90年代后期，经济发展取得了长足进步，产能供给提高，我国随之开始面临产能过剩的风险。产能过剩行业涉及金属冶炼、矿物制品、机械装备等传统重化工业，甚至近几年发展起来的风电、光电设备以及能源化工等一些新兴产业也不能幸免。产能过剩阻碍了各类市场要素向实体经济领域尤其是工业领域的聚集，削弱了工业经济发展和创新后劲。如不及时采取措施对产能过剩风险加以化解，势必会加剧市场恶性竞争，造成行业亏损面扩大、企业职工失业、银行不良资产增加等问题，从而危及产业健康发展，阻碍产业结构优化调整。同时，产能过剩风险已成为我国经济运行中的突出矛盾和诸多问题的根源，如财政收入下降、金融风险积累、能源资源问题加剧、生态环境恶化等，甚至影响到民生改善和社会稳定大局。

    尤其是在2008年国际金融危机之后，我国经济下行压力增大，产能过剩行业雪上加霜，以产能过剩为主要表现形式的产能失衡问题已经发展成我国转型时期面临的重要风险问题。

    防范和化解产能过剩风险以及对产能进行动态调整既依赖于市场的自我修复能力，又离不开政府适时合理的政策干预。合理的政策干预应有效逐步降低行业产能过剩的风险发生率，缩短产能过剩的平均持续时间，减弱其波动幅度。全方位监测工业产能均衡动态变化，对其变动轨迹予以长期追踪，分析其特征和模式变动，越来越成为宏观经济管理的重要内容。

基于上述背景，本书首先在梳理前辈学者理论和经验研究的基础上，构建基于动态因子模型的产能均衡动态监测体系并进行实证。具体研究分解为四个子项：一是建立产能均衡变动理论模型；二是紧扣概念内涵选取可观测指标构建产能均衡动态监测指标体系；三是以可观测指标的共同成分变动作为产能均衡监测的对象，采用基于动态因子模型的Stock-Watson指数方法编制产能均衡动态监测指数；四是产能均衡动态监测指数与宏观经济的周期协同性分析。该部分研究聚焦于动态变化的产能均衡统计监测研究，弥补了传统单指标研究片面和多指标研究缺乏系统性的不足，赋予了产能均衡统计监测新的解释框架和分析路径。

其次，本书从产能均衡变动的影响因素中发掘出产业特征、产业间传导、货币政策与金融支持、宏观政策不确定性、固定资产投资和大类行业加成指标共6个方面20个指标构成的产能失衡风险预警指标体系。其中，经济政策不确定性指数（EPU指数）、重要关联行业固定资产投资增速和固定资产投资相对增速指标的纳入，从政策不确定性、产业间传导和投资的非理性跟风行为三方面改善并提升了预警的有效性。实证结果表明，这三方面预警指标对改善失衡风险预警效果具有积极意义。

最后，本书依据政府文件选择产能过剩行业，以及依据工业销售产值和工业增加值占比选择对照行业的方式来确定典型行业的样本范围；就典型行业的产能均衡变动进行动态监测，并就其失衡风险进行预警分析，挖掘典型行业产能均衡变动轨迹和失衡风险发生的共同规律及特征。该部分研究是对前两部分内容的行业实践、学术延伸和合理验证，综合前述内容，归纳、提炼出有意义的结论，进而提出有针对性的调控政策建议。

曹颖琦

2022年10月

目录

第一章　导论 / 1

　　第一节　研究背景及意义 / 1

　　第二节　结构安排与创新点 / 5

　　第三节　国内外研究综述 / 8

第二章　理论基础与基本概念 / 22

　　第一节　理论基础 / 22

　　第二节　基本概念 / 30

　　第三节　本章小结 / 45

第三章　产能均衡动态监测体系及实证 / 46

　　第一节　产能均衡变动理论模型 / 46

　　第二节　产能均衡动态监测指标体系构建 / 48

　　第三节　景气指数在产能均衡动态监测体系中的应用 / 66

　　第四节　产能均衡动态监测指数实证 / 71

　　第五节　产能均衡动态监测指数与宏观经济的周期协同性 / 78

　　第六节　本章小结 / 80

第四章　产能均衡变动的影响因素及失衡风险预警指标体系构建 / 82

第一节　产能均衡变动的影响因素分析 / 82

第二节　产能失衡风险预警指标体系构建 / 98

第三节　本章小结 / 104

第五章　产能失衡风险预警分析 / 105

第一节　转折点识别 / 105

第二节　预警指标的校验 / 110

第三节　产能失衡风险预警及效果评估 / 112

第四节　本章小结 / 117

第六章　典型行业产能均衡动态监测及失衡风险预警 / 119

第一节　典型行业的选择 / 119

第二节　典型行业产能均衡动态监测实证 / 120

第三节　典型行业产能失衡风险预警及效果评估 / 135

第四节　典型问题探讨——投资"潮涌现象"的现实表现 / 141

第五节　本章小结 / 143

第七章　总结与展望 / 144

第一节　主要研究结论 / 144

第二节　政策建议 / 146

第三节　不足之处与未来研究方向 / 153

参考文献 / 155

附录 / 170

后记 / 183

第一章　导论

第一节　研究背景及意义

一、研究背景

行业实际产出与生产能力①之间总是存在差值，差值在一定时期、一定范围内随机波动的状态被称为产能均衡。当需求旺盛而生产无法跟上需求时，就会出现产能供给不足。新中国成立以后的很长一段时间，经济发展受产业结构失衡制约，产能供给严重不足，产品短缺，长期凭票凭证供应，市场价格信号扭曲，严重影响政府、企业和个体民众的生产生活。而当生产能力超出实际产出达到一定程度时，就会出现产能过剩。20 世纪 90 年代后期以来，传统消费品趋于饱和，消费结构升级换代，工业经济面临产能过剩，从电视机等生活消费资料到金属冶炼、矿物制品、机械装备等传统重化工业陆续出现产能过剩问题，甚至近几年发展起来的风电、光电设备以及能源化工等一些新兴产业也未能幸免。

产能过剩现象的出现不仅造成资源的浪费和无效的配置，而且产品供过于求还易造成企业之间的恶性竞争，导致产品价格大幅下滑、库存增加、企业经济效益下降甚至亏损倒闭、大批员工失业、银行不良贷款增多、信贷风险增加以及贸易摩擦增大等问题。当多个行业特别是关系到国计民生的重要支柱性行业出现产能过剩时，将会影响到整个国民经济的持续健康发展。以产能过剩为主要表现形式的产能失衡问题，已经发展成中国转型时期面临的重要风险问题。

---

① 在现有厂房、设备和要素价格一定的情况下短期总平均成本位于最低点所对应的产出，是一定条件下的一个最优值。

2008 年国际金融危机之后，经济下行压力增大，产能过剩行业雪上加霜，为应对国际金融危机带来的冲击和影响，中央与地方政府相继出台了一系列扶持产业发展的政策措施，在推动结构调整方面提出了控制总量、淘汰落后、兼并重组、技术改造和自主创新等一系列逆周期应对措施。工业企业主营业务收入、利润总额、出口交货值等统计指标显示出强劲的增长势头，良好的行业经济效益和平稳的宏观经济运行环境掩盖了诱发产能过剩风险的深层次矛盾，延缓了结构调整，调控政策没能从源头上缓解和遏制产能过剩的风险。2011 年之后，这些经济指标再度出现下滑，从图 1-1（b）中的四个行业的工业增加值累计同比增速可以看出亦呈现同样的特征和趋势。主要工业统计指标变动与过剩行业工业增加值累计同比增速见图 1-1。

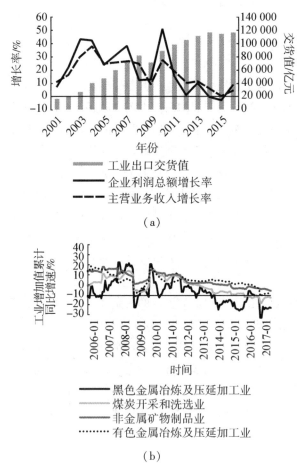

（a）

（b）

图 1-1 主要工业统计指标变动与过剩行业工业增加值累计同比增速
数据来源：根据国家统计局与中经网统计数据库相关数据整理。

回溯我国工业产能过剩的调整与治理过程，2000年以来，多个关于抑制和化解产能过剩的政策性文件密集出台，从敦促产能过剩行业结构调整，到以"控制增量和优化存量相结合、分类指导和有保有压相结合、培育新兴产业和提升传统产业相结合、市场引导和宏观调控相结合"的优化工业结构抑制产能过剩和重复建设的主要原则的提出，到"去产能、去库存、去杠杆、降成本、补短板"政策的出台，再到"四个一批"，即"关停一批、转移一批、升级一批、重组一批"的专项整治方案。政策力度越来越大，政策导向越来越明确，实施方案越来越细化。

然而，我国工业产能过剩持续、反复发生，陷入"过剩—调控—缓解—再过剩"的怪圈之中。究其本质，我国工业产能过剩问题是市场经济发育不完全情况下的特有现象，既受到市场经济规律的支配和影响，又脱胎于计划经济时代的许多习惯与规制。如果只是站在问题自身视角，片面、静态、孤立地去审视产能过剩的形成和发展机制，易造成认知误区，进而造成政策干预上的扭曲。跳出问题看问题，我们会发现，我国工业产能过剩的发生和发展具有多源诱发性。行业特征、经济周期波动、地方政府作用以及宏观调控政策、产业政策、环保规制等政策干预措施都可能在某些行业或某个特定时期诱发产能过剩，多种诱发因素交织形成叠加效应会加深产能过剩的严重程度，而严重的产能过剩又会进一步诱发政府干预，在一定程度上改变行业特征和经济周期变动，将部分外生冲击内生化，使得产能过剩问题日趋复杂。

产能调整和过剩治理过程是政府调控政策与以企业为主体的市场响应之间相互作用的动态过程。合理的干预政策应有效逐步降低行业产能过剩风险发生率，缩短产能过剩平均持续时间，减弱其波动幅度。行业供求的动态调整既依赖于市场的自我修复能力，又离不开政府适时合理的政策干预，因而基于产能过剩的多源诱发机制全视角监测工业产能均衡的动态变化，对其变动轨迹予以长期追踪，分析其特征和模式变动，越来越成为宏观经济管理的重要内容。

二、研究意义

（一）理论意义

一是多维动态视角审视和剖析产能均衡问题，进一步丰富了产能过剩统计监测和预警研究成果，提供了新的可选择研究路径。中国的产能过剩的形成既不与马克思经济理论中由于生产力和生产关系根本矛盾引起的生产过剩相同，也不与新古典框架下的由于"进入壁垒""要素窖藏"等策略行为引发的产能闲置相同。我国的产能过剩问题是市场经济发育不完全情况下的特有现象，其发生与形成机制及发展变化既受到市场经济规律的支配和影响，又脱胎于计划经济时代的许多习惯和规制。我国工业产能过剩风险的多源诱发机制和经济发展的现实需要，使得单一维度的产能利用率指标逐渐显示其在实际应用中的弊端：缺乏合理阈值或界限值，对产能过剩的状态、程度的判定存在争议；不同测度方法的测度结果差异大，行业比较分析缺乏稳健性。

现实与理论发展需要从多维角度探索对现有产能过剩统计监测体系进行有针对性的改进，建立既能够同现有工业统计调查体系有效衔接，又能够避免单一指标片面性的产能均衡动态监测体系。

二是为防范化解重大风险做好理论储备，为后续研究提供产能过剩问题研究的新思路。本书深入探索和研究了我国工业整体及大类行业产能均衡变动中出现的结构变化和波动特点，准确监测工业整体及大类行业产能均衡动态变化，捕捉行业产能过剩风险的发生率、持续时间、深度、周期协同性的新变化，在行业产能动态调整中审视和评估产能过剩的发生、发展和治理效果，深化了对产能失衡尤其是产能过剩风险的认识和理解。

（二）现实意义

我国改革开放以来，部分行业发展逐步走向成熟，反复发生的产能过剩问题表明产能过剩风险趋于常态化，成为各级决策部门和企业不得不面对的宏观经济风险之一。工业经济是国家核心竞争力的重要支撑，是提升经济发展质量、应对各种外部风险和冲击的稳定器。产能过剩风险的存在阻碍了各类市场要素向实体经济领域尤其是工业领域的聚集，减弱了工业经济发展和创新的后劲，加重了经济"虚化"倾向。产能严重过剩的风险也越来越成为我国经济运行中的突出矛盾和诸多问题的根源，党的十九大报告提出，未来我们要重点抓好打赢防范化解重大风险等三大攻坚战的任务，把防控风险放在更加突出的位置。

本书通过对我国工业整体和大类行业的产能均衡问题进行研究，为防范和化解产能过剩风险、完善产能调整政策提供依据。加强对工业行业尤其是产能严重过剩行业的产能均衡变动情况进行长期动态监测，既是把脉中国工业经济，保持其健康、稳定发展的基础，又是及时调整宏观经济政策组合、有效化解国民经济运行风险的基础。我们要编制风险预警指数，估计风险预警概率，建立和完善预警机制，对工业产能的显著失衡波动给出及时预警；对产能过剩风险的发生提前进行预判，为各市场经济主体做出理性应对提供有效参照；及时发现一些行业存在的产能投资过热倾向，叫停非理性投资，避免企业过度进入造成的资源浪费。

本书从多个角度出发，对产能过剩相关问题进行研究，有利于不同市场主体的决策合理化。例如，从微观层面上讲，有利于企业投资决策，及时终止产能过剩高风险行业投资，避免投资方向失误所造成的高额成本。从中观层面上讲，有利于区域产业布局合理化和产业规划发展，避免区域产业结构同构化。从宏观层面上讲，有利于改善宏观调控，如降低由强制企业退出造成的资源浪费、人员安置等宏观调控政策成本，节约社会财富；降低由产能过剩、企业亏损引发的金融风险等宏观经济风险。为宏观干预政策介入时机和介入程度提供重要参考依据，提高政策水平和政策有效性，对防范化解重大风险具有重要的参考价值。

第二节　结构安排与创新点

一、结构安排

本书从我国经济发展现实和已有研究的局限性出发，建立产能均衡动态监测体系，基于动态因子模型建立理论模型，紧扣概念内涵构建产能均衡动态监测指标体系，编制产能均衡动态监测指数，分析我国工业整体和大类行业产能均衡变动规律。同时，本书在分析产能均衡变动影响因素的基础上挖掘失衡风险预警指标，编制工业整体和大类行业产能失衡风险预警指数，计算预警概率，进行预警效果评估，完善产能失衡风险预警体系。全文结构安排如下：

第一章导论，主要提出产能均衡动态监测及失衡风险预警的研究背景及意义，阐明研究思路，简述主要研究内容和结构安排，归纳本书的主要特色和创新点；从产能供给不足、产能过剩形成机制、产能过剩单维测度方法、产能过剩多维测度方法、风险问题研究和预警问题研究六个方面对现有研究进行梳理、归纳和评述；对国内外相关研究进行综述。

第二章理论基础与基本概念，系统梳理了同产能均衡变动研究密切相关的经济周期理论、产业组织理论和产业关联理论；在已有研究基础上给出产能均衡的定义、性质和形式，构造并刻画产能过剩风险的发生时间、持续时间、发生率、深度等一系列动态分析指标。

第三章产能均衡动态监测体系及实证，首先，基于动态因子模型构筑产能均衡变动理论模型；其次，选取可观测指标构建产能均衡动态监测指标体系，在备选指标基础上以 1991—2016 年的工业年度数据和 2001 年 1 月到 2017 年 9 月的工业整体及大类行业月度数据为样本，以 PPI（生产者价格指数，也称产品价格指数）为基准变量采用时差相关分析方法筛选出具有同步性质的指标集，从中剔除造成严重信息冗余的指标构成产能均衡动态监测目标变量；再次，应用合成指数（composite index，CI）、扩散指数（diffusion index，DI）和 Stock-Watson 指数编制产能均衡动态监测指数，刻画我国工业产能均衡变动的动态过程，分析产能过剩风险的发生时间、持续时间、相对规模和可能程度等动态特征；最后，就产能均衡动态监测指数与宏观经济的周期协同性问题做进一步讨论。

第四章产能均衡变动的影响因素及失衡风险预警指标体系构建，主要从市场因素、非市场因素、行业间传导和投资四个方面对产能均衡变动的影响因素进行深入分析，将各影响因素与可观测统计指标相对应，构建失衡风险预警指标体系。具体来讲，市场因素方面考虑了经济周期变动和行业基本特征、产业生命周期特征等行业特征；非市场因素方面考虑了货币政策和金融支持以及经济政策不确定性；行业间传导方面对产能过剩风险在行业间的传导机理进行了详细分析和阐释，并通过 VAR granger causality（VAR 因果关系检验）方法构建了行业间传导矩阵，结合基于投入产出分析的直接消耗系数选出重要关联行业，重要关联行业固定资产投资增速是核心预警指标之一；投资方面详细考虑了投资的总体规模、投资与消费的关系、投资的时间分布、产业分布结构与产能过剩风险形成以及政府如何通过投资作用于产能过剩。

第五章产能失衡风险预警分析，首先，改进了 Harding-Pagan（H-P）转折点识别算法，采用改进后的 H-P 识别算法对产能均衡监测指数进行识别。其次，对构建的预警指标体系进行校验，编制预警指数；同时以 H-P 识别结果为因变量采用 Probit 模型估计预警概率，并给出高风险阈值。最后，对预警指标的预警效果进行评估，分析预警指标的边际效应。

第六章典型行业产能均衡动态监测及失衡风险预警，以 12 个典型大类行业为例进行产能均衡动态监测和失衡风险预警分析。在监测分析方面，本章详细分析了典型大类行业产能过剩风险发生次数、发生率、平均持续时间、最高深度和相对深度等动态特征以及典型行业间的周期协同性，并以全部 35 个大类行业为样本分析产能过剩风险发生率的行业特征成因和阶段性特征。在预警分析方面，本章在分别编制典型大类行业风险预警指数、估计风险预警概率、给出行业高风险阈值的基础上，评估预警效果，对各预警指标进行边际分析；同时，就产能失衡中的典型问题进行探讨，分别建立固定效应面板模型和面板 Probit 模型，分析投资"潮涌"现象的现实表现。

该部分是产能均衡动态监测及失衡风险预警研究在行业层面的推广和延伸

分析，是第三章至第五章分析方法向行业层面的拓展，过剩风险发生的行业特征成因分析、阶段性特征分析和对"投资潮涌"现象的探讨起到了一定的归纳和提升作用，完善了产能均衡监测和预警研究体系结构。

第七章总结与展望，给出了本书的主要研究结论、政策建议、不足之处与未来研究方向。

图1-2从研究目的、研究内容和研究方案三个方面直观再现了本书的具体研究思路和主体框架。

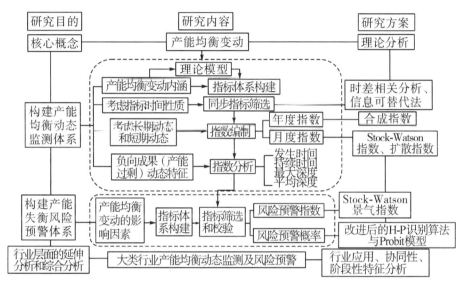

图1-2 具体研究思路和主体框架

二、研究创新点

结合现有研究文献及存在的不足，本书从以下三个方面进行改进和创新：

一是构建了基于动态因子模型的产能均衡动态监测体系，赋予了产能均衡统计监测研究新的解释框架和分析路径。

本书以产能均衡的概念为研究起点，建立理论模型，紧扣概念内涵选取可观测指标构建产能均衡动态监测指标体系，以可观测指标的共同成分变动作为产能均衡监测的对象，采用基于动态因子模型的Stock-Watson指数方法编制产能均衡动态监测指数；聚焦于动态变化的产能均衡统计监测研究弥补了传统单指标研究片面和多指标研究缺乏系统性的不足，赋予了产能均衡统计监测新的解释框架和分析路径。

二是发掘重要预警指标，完善产能失衡风险预警指标体系。

本书从产能均衡变动的影响因素中发掘出经济政策不确定性指数（EPU指数）、重要关联行业固定资产投资增速和固定资产投资相对增速指标，纳入产能失衡风险预警指标体系；从政策不确定性、产业间传导和投资非理性跟风行为三方面改善和提升预警有效性，实证结果表明，这三方面预警指标对改善失衡风险预警效果具有积极意义。

三是转折点识别方法的改进。

转折点的识别是时间序列分析的重要内容，是计算失衡风险预警概率的关键问题，直接关系到预警效果的好坏。本书对 H-P 识别算法进行改进，叠加了关于波动幅度的限制和峰谷值备选点位置限制，可以有效控制噪声干扰，准确定位和识别产能过剩风险，更切合现实与研究宗旨。

第三节　国内外研究综述

产能失衡表现为产能供给不足和产能过剩，以 20 世纪 90 年代后期为分水岭，中国的产能供给不足主要发生在 90 年代后期之前，而产能过剩问题则主要在 90 年代后期之后出现（江小涓，1999）。产能过剩问题是困扰当前中国经济的关键问题之一。产能过剩问题也曾在世界其他经济体出现并造成了不可忽视的经济后果，国内外文献从不同领域、不同角度出发对产能过剩问题进行了大量研究，包括产能过剩的形成机制、产能过剩的量化理论与方法以及产能过剩的监测、评价和预警。其中，产能过剩的成因分析和产能过剩的测度研究文献非常丰富，而监测与预警研究则相对较少。下面，我们针对这些研究领域分别进行梳理、归纳和评述。

一、产能供给不足的研究回顾

总体上的产能供给不足问题存在于我国改革开放之初到 20 世纪 90 年代中期，被众多学者称为"短缺"经济。以科尔奈（Kornai）为代表的短缺经济学派和以波特斯（Portes）为代表的非均衡学派对世界社会主义经济发展具有重要的影响，也对中国学者的理论观点和中国政府的宏观决策产生了重要影响。

非均衡是中央计划经济国家的市场长期以来特有的现象。非均衡的持续存在及其后果使得中央计划经济国家的决策过程十分特殊。两派观点分别代表两种对中央计划经济中经济行为的不同解释。科尔奈的主张是中央计划经济国家宏观与微观供求之间普遍存在长期性失衡，并且失衡是这种资源约束型经济的典型现象，而唯一可能的出路是彻底的市场化。波特斯的基本观点是，关于中央计划经济中家庭、企业、计划者行为或者市场行为的经验性论断并不值得严肃对待，除非它们有数据加以证明（范布拉班特，1991）。

在"短缺"归因问题上，胡汝银（1987，1991）提出供给决定论，把由配置低效率、组织低效率和动态低效率等一系列所谓低效综合征所产生的实际总供给小于潜在总供给作为短缺的真正原因，并与需求决定论进行了比较分析。张军（1991）从需求决定论和供给决定论两种理论的比较中论证了短缺的制度根源，并指出国内经济学者对科尔奈的短缺经济学说在"短缺归因"方面存在争议，认为需求决定论把短缺视为由总需求（包括投资需求和消费需求）过度所引起，进而将总需求过度归因于固定价格制以及国民收入的超分配或货币增长的观点部分与非均衡学派观点相似，从供给决定论对制度的强调这一意义上说，供给决定论比需求决定论离短缺学派更近。

非均衡学派把价格机制不合理解释为短缺的主要原因，并且特别强调政府计划失误是导致短缺的主要原因。科尔奈（1986）明确指出，对长期短缺、吸纳和资源约束型体制运行的解释，不是存在于金融领域，也不是存在于价格信息的特征之中，而是存在于较深层次，即存在于制度关系和这些制度关系所形成的决策者的行为规律性之中，这无疑是强调制度因素的。

软预算约束和"父爱主义"被认为是科尔奈的短缺经济理论中最有力的解释性变量，也是被我国学者极为推崇的部分。部分学者认为软预算约束和"父爱主义"的援助义务使得投资饥渴制度化。扩张冲动引致投资饥渴，再经传导效应进而导致投资需求膨胀；而这种膨胀却没有受到来自反向力量的阻止（张军，1991）。由于预算约束软化，投资需求者或企业无须对投资的成本过多关注；由于国家与企业之间的"父爱主义"援助义务，企业也不必考虑投资的风险和未来的亏损问题。在每项投资支出都会得到预期补偿的前提下，企业的投资既是合理的行为，也是最优的行为。

产能供给不足或者说短缺与产能过剩是产能失衡的两个方面，是产能非均衡发展的结果或者现象。产能供给不足的理论研究表明，低效率、制度因素和传导效应是产能失衡的重要影响因素。在失衡经济中，相对于短缺部门来说，其他部门就是过剩，而相对于过剩部门来说，另一些部门则是短缺。杨文进（1991）从结构层面对短缺与过剩关系的论述说明了影响"短缺"经济的效率因素、软预算约束和"父爱主义"等制度因素在产能相对过剩时期仍然起作用，并继续左右着产能失衡风险的大小。

二、产能过剩形成机制研究现状

产能过剩形成机制根据其成因来源，可分为市场因素形成机制和非市场因素形成机制。

（一）产能过剩市场因素形成机制

市场因素是产能过剩最直接、最显而易见的影响因素，同时也是市场自动调节产能供需均衡的唯一重要影响因素。市场因素主要是指宏观经济环境下市场需求变动在经济由复苏走向繁荣阶段，经济增长预期普遍向好导致投资增量的快速形成，而当经济由繁荣进入衰退时，需求萎缩且产能不能及时退出。需求增长对投资的拉动影响强于萎缩时对产能的退出影响，从而造成产能过剩（卢锋，2009；周劲 等，2011；干春晖 等，2015；马红旗 等，2018）。

平狄克（Pindyck，1986）认为，长期内企业产能扩张是一种跨期决策行为，即产能的调整在整个经济周期内是一个柔性过程，并不会随着宏观经济的波动而及时变动，因此为了应对未来市场需求的不确定性，企业通常会保持一定的过剩产能。阿贝尔等（Abel et al.，1986）指出，保有部分过剩要素是为了降低调整成本，因而在经济波动的低谷时期，企业并不会因为经济的暂时不景气而减少生产要素。法尔（Fair，1985）认为，如果市场需求持续增加，市场主体对后市走高形成了稳定预期，那么由于从招聘劳动力到形成产能存在滞后性，企业可能以高于当期需求的水平投入劳动力要素，提前"窖藏"一些闲置产能以应对市场变化，这就是著名的产能过剩形成机制之"要素窖藏"说。

甘顿等（Gunton et al.，1981）和库马柯夫等（Koumakhov et al.，2001）分别讨论了澳大利亚和俄罗斯的劳动力"窖藏"问题[①]。基于要素窖藏行为的产能闲置，反映了企业为了应对经济环境的不确定性而做出的一种防御性选择，其表现是企业会把一部分产能闲置用来提高供给的柔性。伯恩塞德等（Burnside et al.，1996）将可变资本利用率视为要素窖藏的一种形式，分析了可变资本利用率在经济周期中传导冲击的作用。此外，他们还认为，可变资本利用率是经济周期传导的重要来源，有了要素窖藏的存在，用以解释观测到的美国总产出中变异的外部技术冲击的波动性相对于标准的实际商业周期（RBC）模型显著减少。

保留过剩产能是在位企业选择的一种竞争策略，尤其是当在位企业意识到

---

① 劳动力的"窖藏"方式有多种，如部分劳动力或全部劳动力由多班制变成一班制；往往在保证一定量的薪资水平的前提下给一部分劳动力更长的假期等。

有新的潜在进入者或竞争者时，在位企业就会将闲置的产能投入生产，通过扩大产量和降低价格的方式抢占市场份额，新企业的进入决策可被有效阻止。过剩产能造成的资产闲置和投资回报率下降是对潜在进入者的可置信的威胁（Wenders，1971；Spence，1977；Mathis et al.，1997），这是产能过剩形成的"进入壁垒"说。

也有学者认为，由于资产的专用性以及投资的不可逆性，固定资产一旦投入便形成沉没成本，在市场需求萎缩时，企业面临巨大的退出壁垒，即使经营状况恶化也不得不继续开工运营，从而使得企业被动陷入产能过剩境地（Pindyck，1986）。

无论是微观企业的"主动"策略还是"被动"行为，因其造成的产能闲置被西方学者作为经济中的一种正常现象来对待，并不被认为是真正的产能过剩。但是，我们应该看到，企业的闲置产能累积到一定程度将是产能过剩的一个重要来源，其带来的产能过剩不确定性将造成行业层面的产能过剩风险波动。

（二）产能过剩非市场因素形成机制

国内学者更倾向于从非市场因素角度来探讨产能过剩问题，有部分学者称其为中国式产能过剩（张林，2016；钱敏 等，2016；周密 等，2017）。过剩产能的累积一方面是由于过度的进入，另一方面是由于存在较大的退出障碍，经济周期性波动的叠加影响将产能过剩问题的严重性加以放大。

从企业的微观动机来看，所有的过剩产能都是企业在特定约束下的最优选择，"中国式"产能过剩同市场行为主体的行为激励被严重扭曲密切相关。周黎安（2004）指出，地方官员的晋升激励或政绩锦标赛导致了部分行业和地区盲目投资、低水平重复建设或产业同构化等问题。江飞涛和曹建海（2009）认为，体制扭曲下地方政府不当干预微观经济的行为，通过成本外部化效应、投资补贴效应和风险外部化效应扭曲企业的投资行为，正是导致企业过度投资、产能过剩和行业重复建设的主要原因。企业的投资行为应该是以利润为导向的市场行为，而地方竞争性引资给出的政策性优惠扭曲了要素市场价格，使得原本无利可图的投资在低要素成本情形下变得有利可图，支撑了产能过剩行业的利润水平，对企业的过度进入行为形成了一种正向激励（杨振，2015）。周瑞辉和廖涵（2015）以1998—2007年的中国工业企业数据为基础，实证研究了中国制造业企业的产能过剩成因，发现国有产权性质及其与要素价格负向扭曲和预算软约束的交互项对产能利用率的影响显著，且国有产权性质的产能过剩效应在增强，要素价格负向扭曲的产能过剩效应也在增强。余东华和吕逸楠（2015）在"市场失灵论"和"体制扭曲论"的基础上提出了"政府不当干预论"，并以光伏产业为例从政府行为、产业内部环节和供给视角分析了中国战略性新兴产业产能过剩的形成机制。

在企业退出障碍方面同样少不了政府的影子。江小涓（1999）指出，地方政府、企业和中央各部门从各自利益出发制定政策或选择接受中央政府的政策，从而导致了产能的非正常、非意愿扩张。而我国对一些产能过剩的行业采用"限产"的政策，采取的是按已有生产能力的一定比例分配生产配额的方式进行，使得地方政府和企业为了获得更多的配额而不愿自动淘汰已无竞争力的落后产能。政府通过产业政策而不是市场竞争调整产业结构，会诱发企业的不当行为，阻碍了落后产能及时退出市场。杨振（2013）认为，政府干预形成的高退出壁垒带来企业的退出障碍，恶化了产能过剩问题。钢铁、水泥、平板玻璃、煤化工、多晶硅和风电设备行业由于固定资产投资大，所以资产专用性强、退出壁垒高。地方政府追求经济和社会目标的行为阻碍了企业的退出，加剧了这些行业的产能过剩问题。

产业政策在发展和完善我国产业体系方面功不可没，但也成为"中国式"产能过剩的重要诱因。江飞涛和李晓萍（2010）认为，静态且过于简单地理解市场机制，是中国特色产业政策存在根本缺陷的一个重要原因，它导致了政策部门在制定和实施产业政策中的行为边界和行为方式上的错乱。产业政策执行偏差扭曲了企业的进入行为，产业政策提供的政策性优惠预期导致企业潜在过度进入，而实际的政策性补贴激励促使企业过度进入成为现实。产业政策执行偏差亦扭曲了企业的退出行为：面对产能过剩，产业政策给出的解决方案通常可以归结为"关、停、并、转"四个字，无论是企业破产退出市场、停止生产、兼并重组还是转产，在市场经济下都应当是企业面临现实约束下的自发行为。然而，采用"落后产能"列表制度，这在一定程度上扭曲了企业努力的方向：企业可能与管理者合谋，以使本企业不被列入淘汰名单，不能真正有效地解决产能过剩问题，从而滋生了许多负面问题。

还有部分国内学者结合中国实践跳出政府与市场之争，从新的角度论证了中国产能过剩问题的特殊性。林毅夫等（2010）认为，处于技术追赶中的发展中国家容易对在发达国家已趋于成熟的行业形成前景共识，又因信息不完全和企业数目不确定而发生合成谬误，造成投资"潮涌现象"，从而这些行业容易出现产能过剩。周密和刘秉镰（2017）在传统供需平衡模型中引入退出价格和饱和需求等新假设，通过消费结构和住房属性的异质性处理、二元市场的均衡分析得出重要观点：中国式产能过剩是商品和住房二元市场叠加的饱和需求式过剩。普通商品市场的"饱和需求陷阱"和住房市场的"投资偏好陷阱"是关键制约点。这使得需求刺激政策在饱和需求式过剩中失灵，并通过二元市场的"劣驱良"效应，引发经济"脱实向虚"的趋势。

上述文献分别从一般经济理论和经济发展的现实角度解释了一般产业和新兴产业的产能过剩形成机制，但仍存在一定的片面性和不足。

第一，中国的产能过剩形成既不同于马克思周期理论中由于生产力和生产关系根本矛盾引起的生产过剩，也不同于新古典框架下的由于"进入壁垒""要素窖藏"等策略行为引发的产能闲置。我国的产能失衡问题是市场经济发育不完全情况下的特有现象，其发生与形成机制及发展变化既受到市场经济规律的支配和影响，又脱胎于计划经济时代的许多习惯与规制，发生和发展都具有多源性特征。因此，从单一视角解释和分析产能过剩问题存在片面性。

第二，随着新技术革命的兴起，信息技术与传统产业融合进程加快，产能失衡风险在产业间的传导尚没有引起足够重视。市场力量与制度因素双重作用的微观传导基础的改变，可能造成不可估量的宏观效应变化。产业间关联是各种经济要素传导的通道和载体，忽略产能失衡风险在产业间的传导或者假定要素在产业间传导规律不变都将会导致政策实施效果难以达到预期，甚至有时实际效果同政策设计初衷背道而驰。

三、产能过剩单维测度方法研究现状

产能过剩单维测度的主流方法是测度产能利用率（实际产出同产能的比率）。我们可以通过两种途径获得产能利用率数据：一种来源于企业调查；另一种来源于间接推算。

美国联邦储备委员会（FRB）团队最初计算的产能利用指标源于20世纪50年代中期的经济扩张时期（Raddock，1993）。早期的产能估计涉及几个主要的原材料部门，主要目的是分析当前的经济条件、主要的通货膨胀压力，以及对于投资品的需求。在20世纪80年代早期，还有几个独立的覆盖制造业部门的产能利用测度机构，其中，麦克劳—希尔（McGraw-Hill）公司负责提供年度数据，企业产能利用调查（survey of plant capacity utilization，SPC）负责提供季度数据，由美国人口普查局主导调查，这两个都是美联储（FRB）产能利用相关数据的来源。2002年12月，美联储发起对工业生产指数、产能和产能利用率广泛的修订工作，修改后的产能计算覆盖更多细分行业。

我国的企业景气调查制度由中国人民银行于1990年建立，景气调查的对象是遍及全国的工业生产企业，数量在5 000家左右，基本以国有大中型企业

为主，还包括一些具有相当经济规模的集体工业企业和企业集团，以及部分合资、外资及股份制企业（陈磊，2004）。该调查内容包括企业主要财务指标调查和景气状况问卷调查两部分，其中还包括设备能力利用水平指数，每季度报告一次。

国家统计局发布了2013年以来未经季节调整的季度产能利用率数据，该产能利用率被定义为实际产出与生产能力的比率。实际产出是指企业报告期内的工业总产值；而生产能力是指在报告期内劳动力、原材料、燃料、运输等保证供给的情况下，生产设备（机械）保持正常运行，企业可实现的并能长期维持的产品产出。调查共涉及9万多家工业企业，采取大中型企业全面调查、小微企业抽样调查的方式。小微企业按抽样方法推算总体，与大中型企业调查数据合并，计算出全国工业产能利用率。

而学术界常使用各种间接方法进行估算，估算的关键变量是产能。依据不同的产能定义，学者们常用的方法有峰值法、生产函数法、成本函数法、全要素生产率法、数据包络分析法等。巴拉德等（Ballard et al., 1977）以及徐（Hsu, 2003）都使用峰值法分析和测度了美国捕鱼业的产能利用水平；柯克利等（Kirkley et al., 1999）论证了峰值法的数学基础和优点；联合国粮农组织（FAO）为了实现对全球捕捞能力的控制，重点推荐利用峰值法对捕捞能力利用进行量化。当然，峰值法因其对数据要求低的特点，还被广泛应用于其他产能利用水平测度上。国内学者何彬等（2008）运用峰值法研究了1992—2005年中国多个省份的工业产能过剩水平；路楠林（2007）也运用峰值分析法对我国制造业的产能利用率进行了测算。

孙巍（2009）、韩国高（2012）均曾借鉴伯恩特等（Berndt et al., 1981）、莫里森（Morrison, 1985）提出的成本函数法；韩国高（2012）则利用面板数据模型的广义矩估计方法（GMM）测度了中国28个行业1999—2008年的产能利用率，并分析其波动特征。

法尔等（Färe et al, 1984, 2000, 2013）利用产出效率测度把约翰森（Johansen）的技术产能概念同生产前沿框架进行整合，开创了生产前沿框架下产能利用测度的新方法，并形成了非常丰富的研究成果，具体分为两大分支，即参数估计方法和非参数估计方法。程俊杰（2015）运用随机前沿生产函数法和协整方法对2001—2011年我国多个省份的制造业产能利用率进行测度及比较分析后发现，两种方法得出的产能利用率基本一致，产能利用率变化呈现明显的经济周期特征，东部地区的产能利用率整体低于中西部地区且地区层面的产能过剩风险可能正向全局蔓延。董敏杰等（2015）采用了DEA方法利用各省份数据测算中国工业行业的产能利用率、技术效率和设备利用率，对各行业及各地区的产能利用率进行比较分析，并探讨了产能利用率的影响因素。其结果显示，2001—2011年中国工业平均产能利用率为69.3%，以2008年为分界点，之前基本呈上升趋势，之后基本呈波动下滑趋势。

实际产出既受到产能制约，亦受到需求不确定性以及行业特征等其他因素影响。现有的利用产能利用率测度产能过剩的做法成果集中于如何准确估计产能，不足之处在于忽略了其他影响因素，将其他众多影响因素假定为随机影响，具有理论上的合理性和方法上的可操作性，但是对现实的处理过于粗糙，使得估算得到的行业产能利用率与现实相差较远。不同行业的产能利用情况对产出、投入要素和技术参数的依赖程度不同，不同行业所处的经济地位和产业发展阶段不同，直接利用单一的产能利用率进行横向比较得出的结论难免有失偏颇。

我们需要充分挖掘实际产出与产能之间差异的变动特征和影响因素，从多维、动态视角对产能均衡变动进行监测和分析。这不仅可以弥补单一产能利用率的不足，还可以为不同地区、不同行业间的横向比较提供更为全面、客观、坚实的基础。

四、产能过剩多维测度方法研究现状

国外使用多指标测度产能过剩风险的文献较少，这与新古典经济理论中将产能过剩作为正常经济现象来对待有着极大的关系。而源于产能过剩形成机制的复杂性和特殊性，国内学者意识到单一产能利用率指标的局限性，采用多指标方法在产能过剩风险监测预警研究与产能利用状况统计方面进行了有益探索，但仍存在较大的改进空间。

王兴艳（2007）首次建立了产能过剩指标体系，将指标体系分为总体层、系统层和变量层3个层级，其研究目的是突出不同层次的指标对产能过剩的贡献与影响程度，并且初步提出了产能过剩预警模型的建立思路和目标。王兴艳（2007）设置的产能过剩指标体系从功能上说还是评价指标体系，其系统层相当于一般评价指标体系设置中的一级指标，主要考虑了行业效益与价格水平、产需与库存、固定资本、劳动4个方面。其具体变量包括17个：行业效益与价格水平方面包含了行业总产值、总资产报酬率、销售利润率、资本金收益率、利息支付倍数和市场价格指数6个指标；产需与库存方面包含了产能利用率、供需比例、产销比和库存变化率4个指标；固定资本方面包含了企业数量、设备数量、固定资产投资、年末生产能力4个指标；劳动方面则包含了劳动的人员数、工资水平和劳动生产率 3 个指标。该指标体系设置比较全面，就其主要研究目的而言相对合理，然而该研究未能给出产能过剩形成与指标表现之间的具体关系和影响。同时，该研究将企业数量这种衡量产业生命周期特征的指标置于固定资本之内是不合理的，而设备数量由于受到设备的技术等级等多种因素制约，也不是一个衡量固定资本的良好统计指标。

刘晔和葛维琦（2010）在科学界定产能过剩内涵的基础上，提出了建立中国特色产能过剩评估指标体系及预警制度的基本思路、指标体系和重点步骤。其设置的指标体系同样偏重于评价功能。指标体系包含了供给能力类、供需状况类、经营状况类、需求变动类和在建产能类 5 个一级指标和 14 个二级指标，且考虑了构成指标的主观性和客观性，所含二级指标均采用指数形式。

周劲和付保宗（2011）基于其对"产能过剩"概念的界定，认为判断和评价"产能过剩"需要从两方面入手：一是根据产能利用率对产能过剩程度的评价；二是对产能过剩正、负面效应的判断和评价。前者是必要条件，后者则是充分条件。在此基础上，他们还构建了一个包含 12 个具体指标的产能过剩评价体系，这个体系中的程度指标包括产能利用率，而效应指标则包含经济、社会和环境 3 个方面。该指标体系从具体功能来说仍属于事后评价范畴，特点在于考虑到了产能过剩的正、负面效应，尤其是社会效应指标和环境效应指标的设置基本都是从负面考虑的。而周劲在其 2011 年的另一篇文章中只考虑了利用工业出厂价格指数和成本利润率来衡量和分析工业产能过剩的情况。周劲和付保宗（2011）的指标体系见表 1-1。

表 1-1　周劲和付保宗（2011）的指标体系

类别		评价内容	具体指标
程度指标		产能利用水平	产能利用率
效应指标	经济效应	市场价格	工业出厂价格
		盈利水平	成本费用利润率、资金利税率
		亏损情况	企业亏损面
	社会效应	资源浪费	闲置资产
		就业减少	失业人数
		金融风险及其他	银行呆坏账等
	环境效应	环境污染	三废排放等

冯梅和陈鹏（2013）运用综合指数法并结合灰色系统理论，采用产能利用率、销售利润率变动率、价格指数变动率和库存变动率4个指标量化分析了中国钢铁产业1996—2012年的产能过剩程度，对未来三年的钢铁产业产能过剩程度进行了预警。其结论认为，中国钢铁产业产能过剩的问题长期存在，随着国内外经济坏境变化，有可能进一步加剧。

现有研究存在的不足之处在于以下三个方面：

第一，没有明确区分产能过剩的监测、评价和预警指标体系功能之间的差异。预警是事前分析，监测是事中分析，而评价则属于事后分析。不同指标体系时间属性的差异决定了其对于决策的作用不同，事后的评价对于产能过剩状态的认定具有重要意义。从我国产能过剩化解和治理的实践中可以看到，强制过剩行业企业退出的成本是非常巨大的，资源的浪费、环境的恶化、金融系统的呆坏账风险、企业的人员安置问题都需要付出极大的治理代价。而在这个过程中，若是决策措施不当，则可能存在引发其他社会经济问题的风险。一般情况下，地方政府出于维持经济发展和就业、保障等社会发展目标的目的，不愿承受这个代价，进而使得中低端产能难以及时退出市场。因此，在监测、预警、评估和治理的政策调控方式链条中，监测和预警优于评估和治理。建立工业各行业产能失衡风险的动态监测和预警系统，及时发现引发产能失衡尤其是产能过剩风险的预警信号，及早遏制产能投资过热苗头，提前化解产能过剩风险所花费的代价要远远小于事后治理，是长期有效遏制产能过剩的必要前提。

第二，完全依赖于主观分析选择指标。刘晔和葛维琦（2010）虽然考虑到了构成指标的主观性和客观性，但他们指的是数据的来源而非指标的选择过程，且缺乏对预警指标预警效果的评估。就行业经济效益指标而言，周劲和付保宗（2011）采用了成本费用利润率、资金利税率，王兴艳（2007）选取了总资产报酬率、销售利润率、资本金收益率和利息支付倍数，而韩国高（2012）则选用了利润总额增速。具体哪个效益指标能够更好地展现行业生产实际，没有可靠的经验研究支撑，且不同的效益指标还受到其他各方面因素的影响。指标选取的合理与否直接决定了预警效果的好坏，因而在理论分析的基础上，我们对现有指标尝试采用多种筛选方法进行筛选是非常必要的。

第三，缺乏对统计指标的时间性质、绝对量指标和相对量指标在应用中的区分与限制条件等分析。不同时间性质统计指标合成后，某些波动可能因时滞不同而相互抵消，从而改变了过剩风险的变动过程、特征和规律性。

五、风险问题研究现状

风险的研究是一个古老且研究领域宽泛的话题，人类对风险的认识不尽相同。目前，国内外学术界对风险还没有形成公认的、统一的定义。就本书的研究目的而言，文献回顾只专注于经济风险及其度量。

生产风险（production risk）是一种重要的经济风险。生产风险的研究对于产能过剩风险研究具有极大的借鉴与参考价值。生产风险研究中，风险的确切概念指的是产出的波动，一般采用方差生产函数（variance production function）来估计，然后利用方差函数对各种投入进行求导，分析投入对生产风险的影响。贾斯特—波普（Just-Pope）模型允许区分投入对产出和生产风险的影响，昆巴卡尔（Kumbhakar，2002）对其进行拓展引入了另一个生产变异源——由互补函数解释的技术效率。博库舍瓦等（Bokusheva et al.，2006）亦认为生产风险和技术非效率是影响生产变动的两个主要来源，同时指出生产风险不仅受到产品价格和其他市场相关现象的影响，还受到许多技术创新和政府投入使用政策的影响。

约里恩（Jorion，1997）在研究金融风险时，利用"在正常的市场环境下，给定一定的时间区间和置信度水平，预期最大损失（或最坏情况下的损失）"的测度方法来定义和度量金融风险。郭晓亭等（2004）提到不同的风险定义下构建的风险函数具有很大差别，当强调负向结果发生的可能性和对行为主体造成损失的严重程度时，风险以损失发生的大小和损失发生的概率两个指标进行综合衡量；当主要从风险的构成要素和生成机理来描述时，风险是风险因素、风险事件和风险结果的函数。刘清珺等（2010）建立以风险可能性与风险损失度为二维矩阵的食品安全风险监测模型，其监测体系细化为风险因素识别、检验计划制订、危害指标检验、风险可能性度量、风险损失度度量、风险分析和风险控制7个大的模块，且每个模块采用不同的方法。

六、预警问题研究现状

随着预警理论的发展以及预警方法和技术的改进，预警研究在很多领域广泛展开。气象、生态和自然灾害等非经济领域预警研究浩如烟海。经济领域的预警研究可追溯到19世纪末期，有学者提出了以不同色彩作为经济状态评价的观点。总的来说，无论是哪种类型的预警研究，影响预警效果的基本因素主要有预警指标的选择、预警方法的选择、预警界限的确定3个方面。

（一）预警指标的选择

预警指标选择的合理与否直接决定了预警效果的好坏。预警指标选择的基本思路可以分为两种：一种是从大量的符合研究目的的指标中通过某种筛选准则进行预警指标的筛选。一般的经济景气分析预警指标均遵循这样的思路。斯托克等（Stock et al.，1989）提到其领先指标的备选指标约 280 个数据序列，而米切尔等（Mitchell et al.，1938）提到的备选指标有 487 个数据序列。高铁梅等（2009）从消费、投资和外贸等宏观经济的主要领域以及能源、钢铁、汽车、房地产等主要行业的多个角度出发，运用多维数据结构的指标体系构建景气指数和监测预警模型等来监测我国的宏观经济波动运行态势。另一种则是针对具体问题依据相关概念、理论直接构建预警指标体系。马九杰、张象枢和顾海兵（2001）在明确了粮食安全的基本含义并准确衡量与评估了粮食安全状况的基础上，构建粮食安全预警指标体系，采用信号灯法对我国粮食安全问题进行监测和预警分析。殷克东和马景灏（2010）针对中国海洋经济波动的监测预警问题，界定了海洋经济预警这一概念，并通过设计反映中国海洋经济发展的 10 个预警指标，采用数理方法和经验分析法相结合的方式，确定了各预警指标的具体预警界限，设计构建了我国海洋经济周期波动的预警信号灯系统。韩国高（2012）具体考虑了行业效益、产需与库存、固定资产投资、劳动成本和其他生产成本 5 个方面，选取产能利用率以及行业总产值增速、固定资产投资增速、工业品出厂价格增速、产成品存货增速、利润总额增速、亏损面增速、职工平均工资增速、原材料购进价格增速和燃料、动力价格增速 9 个增长速度指标建立产能过剩安全监测预警指标体系。

两种预警指标选择方式各有利弊，大量指标筛选的方式不容易遗漏重要变量，但也容易带来无关变量的干扰，一般适用于较为宏观的研究对象和研究目的。而对于比较具体、明确的研究对象，应依据相关理论具体问题具体分析，审慎选择预警指标更符合研究目标。

（二）预警方法的选择

顾海兵（1997）曾将最常用的指数预警系统、统计预警系统和模型预警系统称为黄色预警方法，是一种由内因或外因到结果的分析。指数预警是经济预警中使用较为广泛的一类方法，具体包括扩散指数、合成指数、SWI 指数等。NBER（美国较权威的经济研究机构）、OECD（经济合作与发展组织）等对于宏观经济景气的预警分析基本采用指数预警方法。余根钱（2005）对中国经济监测预警系统进行研制，分别编制了中国经济运行指数和地区经济运行指数，以反映经济运行是否正常及变动情况，以及地区经济运行现状和各地区经济差异。孔宪丽和陈磊（2009）通过装备制造业的相关月度经济指标，采用合成指数方法构建了我国装备制造业的景气指数，并进一步对近年来我国装备制造业运行态势的周期性波动特征及成因进行了实证分析。

经济领域指数预警之外较常采用的方法有神经网络方法、ARCH 模型、判别分析法等。帕特里克等（Patrick et al.，1994）引进神经网络人工智能模型作为预警系统用来预测保险公司破产的可能性。周敏和王新宇（2002）提出了基于系统模糊优选和神经网络模型的企业财务危机预警方法，对企业财务危机的测定、财务危机预警推理知识的神经网络动态学习与推理、财务危机指标的预测等功能进行了集成，并通过实例表明所提方法有效可行。维尔塔能等（Virtanen et al.，2016）基于跨国数据建立基于单位根方法的早期预警系统，对欧盟 15 个国家在过去三十年来的金融危机进行预警。我们发现，同债务相关的时间序列有较高的预警表现，可提前几年预警危机发生，给出信号，且来自多个时间序列的信号组合进一步改进了预测。结果证实，基于单位根方法的早期预警工具为金融稳定监管提供了有效的辅助手段。

经济领域之外的其他应用领域采用的预警方法更为宽泛，也更具有专用性。简等（Jian et al.，2011）在构建关于油气开采循环经济复杂系统预警指标体系的基础上，建立了模糊 ISODATA 聚类分析的预警方法，进一步分析了预警结果的决策分析；同时，结合 T 公司 LN 油田的实际情况进行了分析，并通过结合 T 公司 LN 油田的实际情况分析说明了基于模糊 ISODATA 聚类分析的预警系统和决策分析的实用性。

（三）预警界限的确定

预警界限的确定一直是预警研究工作的重点和难点，确定预警界限常用的方法如下：

一是经验划分方法，主要是根据国际公认标准、行业平均水平、历史平均水平等可比较基准指标进行经验上的划分。

二是系统化分析方法，首先根据各种并列的客观原则进行研究，如多数原则、半数原则、少数原则、均数原则、正数原则、负数原则等，根据每一种原则确定一种预警界限，其次将各种原则确定的预警界限加以综合平均，最后经适当调整求得各指标的预警界限。这是一种相对主观但却比较实用的预警界限确定方法。

三是数理统计方法，经常用到的是 3σ 法则，利用正态分布数据"离中心值越近，可能性越高"的原理，使用中心值上下不超过 3 倍标准差的区间作为各指标正常或异常的参考值。该方法要求指标要有一个明确的中心值（一般是均值，某些指标可采用中位数），且在各个预警状态区域的概率应服从正态分布。如果指标的中心值非均值或者指标波动态势呈现非对称特征，那么使用 3σ 法则确定预警界限的偏差会非常大。韩国高（2012）采用了类似的方法，只是其基本正常区间选择偏离 0.5 倍标准差到 1 倍标准差的范围，而数据的异常区间选择 1 倍标准差以上范围，得到了产能过剩安全监测预警指标的五个状态区间。

四是预警概率方法，一般在指数预警中将指数通过 logit/probit、Markov 方法转换成概率形式，概率大于 0.5 一般被认为能够提供较强的预警信号。伍德里奇指出对于 logit/probit 模型，当作为被解释变量的 0-1 变量中，0 和 1 的数量严重不平衡时，0.5 就不再是一个好的界限值。也就是说，预警概率方法依然会受到指标波动非对称特征的影响，影响的程度取决于指标波动非对称的程度。

现有预警研究存在的不足之处有以下四点：

第一，预警时忽略了对指标时间性质的分析。时间的领先性质是预警指标备选的必要条件，以同步指标为基础构建的预测和预警本质上仍然是静态的，不具备真正的预警作用。

第二，缺乏对预警对象的精确定位。预警指标、预警方法的选择，预警界限的确定，合理的预警信号表示方法都将因预警对象的定位不同而不同。

第三，现有的产能过剩预警研究没有考虑行业间传导的影响。国民经济运行是一个复杂的系统，各种生产要素和信息等因产业间的技术经济关联而在产业间流动。此外，宏观政策、环境规制等因素也会对要素流动产生影响，并沿着相关产业链条进行传导，从而改变行业间的成本、利润流向和利益格局。产业间传导加重了问题复杂性，把行业间传导特征指标纳入我国产能失衡风险预警指标体系非常必要。

第四，现有预警研究通常是"重预警"而"轻评估"，研究缺乏预警效果评估的支撑。

第二章 理论基础与基本概念

第一节 理论基础

中国产能失衡问题的产生和发展受到多种因素影响，既遵循市场规律也受到体制因素制约，既受到周期波动影响也受到行业自身发展周期影响。行业间关联也在产能过剩的发生、传导和治理中起着重要作用。系统梳理相关经济理论有助于我们深入理解产能失衡问题的多源性和复杂性。

一、经济周期相关理论

经济周期的存在促使企业为平滑生产而保有部分过剩产能，经济周期是产能过剩之因，而产能均衡变动亦存在周期性，周期性又是产能均衡变动之果，周期性波动是产能均衡变动应有之义。

以凯恩斯主义宏观经济学为理论基础、以统计监测和经济预警为手段的宏观调控政策成功减缓了经济波动，经济周期似乎变得越来越无足轻重，从20世纪30年代末"大萧条"结束到60年代初，西方经济持续增长，即便偶有衰退，在凯恩斯主义的有效需求管理指导下，也是短暂而温和的。即使经济由于某种原因发生波动，总可以利用逆周期的需求政策来降低或消除这些周期运动的影响。然而20世纪70年代的石油危机、20世纪90年代末的亚洲金融危机、21世纪初的技术泡沫破灭乃至由美国次贷危机引发的全球性经济衰退，让我们意识到经济周期波动仍将继续发生作用。

我国工业产能非均衡变动无疑受到世界以及中国经济周期波动的影响，供给周期、价格周期、金融周期、技术革命周期、生态财富周期和政策调整周期等多种周期叠加，影响着不同时期、不同行业的产能过剩的形成和发展，使得中国行业产能过剩问题愈加复杂。

有学者认为，经济周期包含繁荣、危机和清算三个阶段，而两阶段经济周期波动指的是国民经济扩张与收缩的交替变动①。比较常见的划分办法是把经济周期分为繁荣、衰退、萧条、复苏四个阶段。回顾经济周期波动的历史，每一个周期都具有相同的历程，复苏→繁荣→衰退→萧条→复苏，周而复始，既具有物理学意义上周期的再现性和重复性特征，又具有经济学意义上周期的不确定性、非对称性等独有特征：主导周期波动的经济力量不同，周期的持续时间不完全相同，周期的波动程度也不完全相同，行业周期波动的特殊性更为明显。经济周期理论的精髓和借鉴意义在于不同复苏、繁荣、衰退、萧条过程中的独特规律的研究，在于不同过程中主导复苏、繁荣、衰退、萧条的力量都有哪些，如何具体地体现在各个可观测统计指标上。

下面，我们将详细梳理自马克思以来各派经济周期理论对经济周期四个阶段的分析，尤其是在经济周期的四个不同阶段，宏观经济指标的种类、表现特征以及相应变动规律。

（一）马克思的经济周期理论

在马克思的经济周期理论中，资本主义社会生产力和生产关系的矛盾是资本主义生产方式的基本矛盾，是经济危机和周期的最深刻根源。

固定资本的大规模更新是马克思经济周期的主导力量，但固定资本大规模更新是一把双刃剑，它促使经济走向危机，同时也是摆脱经济危机的主导力量。正如马克思所说："机器设备更新的平均时间，是说明大工业巩固以来工业发展所经过的多年周期的重要因素之一"②。

马克思从消费不足、利润率下降和比例失调三个方面对经济周期的根本原因进行阐释。资本主义生产中，追求利润最大化的资本家总是期望能获得更多的剩余价值。企业通过提高劳动生产率和降低工人工资来增加产品的剩余价值，同时无限扩大生产力的趋势导致资本家的资本积累中用于直接消费的收入比例不断减少。对于广大劳动者来说，其有限的收入和消费能力与无限扩大的生产力形成矛盾，有效需求不足导致生产过剩，经济出现衰退，危机产生。

马克思在《资本论》第3卷中提到，利润率的下降会延缓新的独立资本的形成，从而表现为对资本主义生产过程发展的威胁③。

---

① 兰德雷斯，柯南德尔. 经济思想史 [M]. 周文，译. 北京：人民邮电出版社，2011.

② 中共中央马克思恩格斯列宁斯大林著作编译局. 马克思恩格斯全集：第 29 卷 [M]. 北京：人民出版社，1972.

③ 中共中央马克思恩格斯列宁斯大林著作编译局. 资本论：第 3 卷 [M]. 北京：人民出版社，2004.

马克思在《资本论》第2卷中论述了因资本主义两大部类生产的比例失调而引发了经济危机。从价值构成的层面来看，生产资料属于不变资本，然而，不变资本的生产从来不是为了不变资本本身而进行的，而只是因为那些生产个人消费品的生产部门需要更多的不变资本①。因此，忽视两大部类之间的依存关系，片面追求生产资料部类的发展，则会使得消费资料部类发展滞后，导致产能过剩，进而弱化企业投资预期，造成经济衰退。

（二）凯恩斯主义经济周期理论

有效需求不足是凯恩斯主义经济危机的一个重要原因，有效需求不足导致了产能过剩。凯恩斯认为，在经济繁荣的后期极端，由于资本家对未来收益乐观的预期，自然会增加投资，而资本边际效率又随着投资量的增加而递减；另外，由于生产的扩大，劳动力和资源逐渐稀缺，价格上涨，资本品的生产成本不断增大，随着生产成本的增大，利润下降。但由于资本家过于乐观而大量投资的同时，投机者也同样乐观过度，过多的购买使得资本边际效率突然崩溃。凯恩斯认为，投资取决于资本边际效率与利率之间的相互对比关系：随着资本边际效率的崩溃，收益预期逆转，流动性偏好大增，利率上涨，资本成本增加，投资开始出现大幅下降，衰退来临；随着资本边际效率逐渐恢复，存货逐渐被吸收，利率降低，投资再一次逐渐增加，经济发展进入复苏阶段；随着资本边际效率完全恢复，投资大量增加，经济进入繁荣阶段。

在凯恩斯经济周期理论中，有几个重要的名词对于产能均衡变动的研究具有珍贵的参考价值，即"有效需求""预期""信心""资本边际效率""利率"和"投资"。其中，"预期"和"信心"是影响企业家决策的重要变量，而"资本边际效率"和"利率"对投资有着重要的调节作用。以上这些变量同样在我国工业产能均衡变动中起作用。

（三）希克斯的经济周期理论

希克斯是通过乘数—加速数原理的相互作用来解释经济周期的，其对于经济周期解释的权威性直至现在依然为西方经济学家所认可。

在凯恩斯理论中，经济的均衡条件为投资等于储蓄，希克斯则将投资分为两个部分：自发投资和引致投资。在无引致投资存在的情况下，经济按照均衡路径增长，因为自发投资大部分是比较稳定的长期投资。一般情况下，引致投资占净投资额的比例很大，它是由于前一时期的消费量或产量变化直接或间接地引起的，且极易受需求及产量变化的影响，可以认为引致投资是导致经济体

---

① 徐春华. 两大部类发展失衡与中国产能过剩问题研究 [J]. 当代经济研究, 2017 (1)：34-40.

系失衡的主要原因。根据加速数原理，加速系数越大，经济体系失衡的可能性就越大。若再叠加乘数作用，经济体系必定出现周期性波动。引致投资表现在产业层面就是重要关联产业的投资增加会增加目标产业的消费，进而引发目标产业的投资增加，在分析行业周期波动机理时具有重要借鉴和参考价值。

希克斯认为，只要产量的增长率放慢，就足以造成投资大幅度减少和总产量降低。一旦下降开始，加速数就在相反方向起作用，使得引致投资和产量更大幅度减少，收入增加放缓，出现一种累积的向下运动过程，于是产量急剧下降，库存增加，经济开始衰退。

希克斯还认为，经济会爬离低谷、逐渐复苏是由于自发投资的存在，当产量降低到产量下限时不存在任何引致投资，加速数不再起作用。随着产量和自发投资的逐渐增多，又会引起引致投资的增长，在乘数和加速数的作用下，经济再次走向繁荣。

（四）货币主义经济周期理论

货币既可以表现为经济危机的诱发因素，也可以成为促进危机后的复苏和经济稳定发展的积极力量。英国经济学家霍特里（Ralph George Hawtrey）认为，经济周期是货币供给非均衡变动的结果，经济周期是一种"纯货币现象"。他认为，繁荣和萧条完全是银行体系交替扩张和紧缩作用造成的，尤其是短期利率：银行通过降低利率等信用扩张手段，促使商人增加向银行的借款，向生产者订货，消费者收入和支出增加，一般商品有效需求增加，存货减少，刺激生产，使得生产实现累积性扩张。然而，信用扩张并非无限，银行迟早被迫停止扩张，甚至出现信用收缩，经济进入反向的累积性收缩即萧条阶段。

弗里德曼对经济周期波动的看法同其货币理论紧密相连，认为货币力量是经济周期进程中的重要因素，货币政策是促进经济稳定的有力工具。其通过经验研究认为，美联储货币供给的下降是 20 世纪 30 年代大萧条发生的主要原因。短期内，货币非中性，经济波动源于货币供给的非均衡变动。货币增加使市场经济主体产生货币幻觉，当其根据过去的货币和价格变动不断调整预期以消除货币幻觉时，产出和就业义会恢复原均衡状态，因此长期内实际产出和就业不受货币的影响，货币是中性的。货币主义者对货币政策重要性和调控政策时滞效应的强调在第二次世界大战结束后被西方各国普遍采纳，其同凯恩斯学派的分歧在于经验问题方面而非理论原则。

（五）熊彼特的经济周期理论

熊彼特认为，外部因素（包括银行信贷）是导致经济波动的重要根源，由于创新活动的存在，即使排除外部因素，经济仍呈现周期现象。熊彼特还认为，创新是商业社会内生周期现象的本质，企业家的创新活动是经济脱离长期均衡的最主要动力，他们对创新的跟随和模仿导致了经济过热，从而也促进了经济繁荣。然而，创新具有非连续性特征，同繁荣阶段的价格上涨、信贷紧缩、成本上升相叠加，繁荣难以长期维持，经济进入衰退，这是经济周期二阶段法的典型实例。

由于投机心理的存在，由创新引起信贷扩张和对生产资料扩张的同时，会出现大量的与创新无关的投机活动，会导致过度繁荣，衰退时跌穿长期均衡，形成危机和萧条。熊彼特将这些与创新无关的投机活动称为"从属波"，并构成了熊彼特的多周期嵌套模型。

不同的经济周期理论要点存在巨大的差异，但又从各自独特的视角对经济周期的产生、发展进行了阐释。其中，马克思经济周期理论中指的是生产过剩而不是产能过剩。本书在第三章将对不同概念进行辨析，如凯恩斯关注的是有效需求不足；希克斯的研究重点在于自发投资与引致投资的影响；货币主义使我们关注金融变量的影响；基于熊彼特的理论，考虑创新活动对经济发展的长期影响，本书在我国工业产能过剩风险动态监测及预警年度模型构建时会考虑效率因素。这些理论表明，在产能过剩风险的周期性来源中，需求、投资、金融变量和创新都是重要原因。

（六）景气分析理论

确切来讲，景气分析并不能称为理论，只是对经济周期波动进行分析的一类方法，侧重于当前对经济形势、工业企业运行状况，以及其他研究对象的实际运行情况所做的监测方法和预警方法的统称。

但对国内外景气分析的回顾对我国工业产能均衡动态监测及失衡风险预警有着重要的指导意义。经济周期与景气分析是一个事物的两面。景气分析要以经济周期理论为依据，但景气分析并不是完全依赖于经济周期理论。景气分析作为描述与刻画经济周期的方法，同样也可以用来描述和刻画具有一定周期波动性质的现象。就我国工业产能均衡变动而言，其具有一定的周期性和阶段性特征，同工业行业生产周期存在密切关联，但又不完全一致，经济周期理论与景气分析理论对产能均衡变动的测度、分析有着重要的借鉴意义。

二、产业组织理论

产业组织理论（theory of industrial organization）是工业产能过剩风险研究的重要理论基础，是从微观经济学中分化发展出来的一门相对独立的经济学科。其核心问题是运用微观经济学理论分析现实中的市场、产业以及市场中企业之间的竞争与垄断关系，研究制约和发挥价格机制作用的现实因素及条件，最终为政府制定旨在提高市场运行效率的公共政策提供依据和指导（余东华，2004）。不同于经济周期理论，其对于产能过剩风险形成的微观机理研究有着直接的指导意义。

（一）张伯伦的垄断竞争理论

产能过剩概念最早出现于张伯伦（Chamberlin，1933）的《垄断竞争理论》一书中，张伯伦的垄断竞争理论被认为推动了产业组织理论的产生。他的理论和英国经济学家 J. V. 罗宾逊（1933）的《不完全竞争经济学》共同构成了"垄断竞争论"，是现代微观经济学的重要组成部分。

以图2-1为例，我们简单阐释张伯伦的垄断竞争市场的产能过剩概念。如图2-1所示，需求曲线 D 向右下方倾斜（产品差别的存在），边际收益曲线为 MR，边际成本曲线为 MC，Q^* 为产能，是平均成本最低点所对应的产出。短期内，在需求曲线 D 和平均成本曲线 AC 既定的情形下，企业根据 $MR = MC$ 确定生产量 Q，达到短期均衡，从而实现超额利润。长期内，由于新企业的加入引起竞争，在位企业降低价格水平，缩小利润幅度，最后当需求曲线 D 下降到与平均成本曲线 AC 最低点的左侧并相切于 T 点时，达到个体企业同时也是行业整体的长期均衡。在 T 点，超额利润消失，企业数量处于最适度的状态，既无进入，也无退出。相比完全竞争，垄断竞争长期均衡情况下的价格更高、产量更低，存在产能闲置（Q^* 与 Q 之间的距离）。

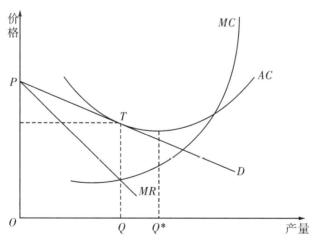

图2-1　垄断竞争市场的产能过剩

张伯伦还着重分析了厂商进入和退出市场、产品差别化、过剩能力下的竞争等问题。这些概念和观点成为现代产业组织理论的重要来源，直接推动了产业组织理论向市场结构方向发展，为现代产业组织理论的形成奠定了坚实基础。

(二) 贝恩的进入壁垒理论

贝恩 (J. S. Bain) 及其老师梅森 (E. S. Mason) 创立了产业组织理论的哈佛学派 (School of Harvard)。该学派以实证研究为主要手段把产业分解为特定的市场，并从结构、行为、绩效三个方面对这一市场进行深入分析，形成了产业组织理论的第一个理论范式，即市场结构 (market structure) —市场行为 (market conduct) —市场绩效 (market performance) 的分析框架，简称为 SCP 范式 (SCP Paradigm) (余东华，2004)。

本书聚焦贝恩的进入壁垒理论，企业进入壁垒问题出现在不完全竞争市场中。其基本思想是，一个产业内的在位企业对于潜在的进入企业和刚刚进入这个产业的新企业具有先占优势。

进入壁垒的来源在产业组织文献中既有外生的也有内生的。具体而言，外生进入壁垒包括那些影响行业的根本经济或技术因素，这些因素超出了在一个行业中运营的企业的直接控制，如规模经济和大量资本需求；相反，内源性的进入壁垒是在寡头垄断行业经营的在位企业所采取的行动的直接结果。这样一个潜在的进入壁垒包括保持过剩的生产能力，也可能包括采用不是最高水平的厂房和设备。过剩产能可以使企业能够在需要时迅速扩大产能，特别是通过维持过剩产能，在位企业可以通过增加生产能力和价格战来阻止新企业进入市场，从而使新进入者无利可图。可以说，仅是过剩产能的存在，以及伴随着过剩产能的隐含威胁，就是新企业进入的强大障碍。

进入壁垒具有保护行业内在位企业的作用，这也是潜在进入者成为现实进入者时必须要克服的困难。进入壁垒会导致一些不良的社会后果产生，如更高的价格、产出限制、不必要的高生产成本和资源错配 (资源并不是分配到那些最有价值的地方)。

事实上，在新古典经济学产业组织理论的经典文献中，"产能过剩" 并不是一个被经常认真讨论的问题，如果论及，其角度也只是研究市场结构与"产能过剩" 的关系。如垄断形成的 "进入壁垒" (entry barriers) 与 "产能过剩" 的关系，其政策含义最远只达到考虑各类产业应形成什么样的市场结构，使产能过剩问题不至于发生 (Hay et al.，1991；江小涓，1995)。

三、产业关联理论

具有不同关联程度的行业，其产能过剩风险发生的概率不同。在经济下行时期，具有不同关联程度的行业承受的成本压力不同，产业关联在产能过剩风险发生和传导中起着重要作用。

一般情况下，我们认为产业关联理论即指里昂惕夫（Leontief）提出的投入产出理论。里昂惕夫于 1928 年发表了产业关联理论的早期成果，提出了一个把生产、流通和消费的各个方面作为经济过程的一个整体进行描述的两部门投入产出系统，并于 1941 年发表了《美国的经济结构 1919—1929》，系统阐述了投入产出理论的基本原理及发展，这标志着产业关联理论的正式诞生。里昂惕夫的产业关联理论形成了"把一个复杂经济体系中各部门之间的相互依存关系系统地数量化的方法"。本书的产业间传导分析的依据之一就是投入产出理论中的直接消耗系数。

美国发展经济学家赫希曼（Hirschman，1958）提出的主导产业选择基准是里昂惕夫理论的具体应用，是里昂惕夫产业关联理论的一个发展，也是另外一种意义上的产业关联理论。赫希曼认为，在产业关联链中必然存在一个与其前向产业和后向产业在投入产出关系中关联系数最高的产业，这个产业的发展对其前、后向产业的发展有较大的促进作用。产业关联度强应该成为选择和确定主导产业的基准。主导产业的选择一度成为国内学术界的研究热点，一种基本做法就是利用投入产出法中的影响力系数和感应度系数来衡量、分析和反映产业关联强度，以确定地区主导产业。

而钱纳里（Chenery）和渡边经彦（1956）通过前后关联系数的计算，对美国、日本、挪威和意大利四国 29 个产业部门进行数据分析，将产业划分为四类，分别是中间投入型基础产业（I）、中间投入型制造业（II）、最终需求型制造业（III）和最终需求型基础产业（IV）。该理论特别是动态理论是分析产业结构变化方向、规划产业发展的重要手段，由于其分析方法立足于经济的微观结构及中、短期变化趋势和影响因素，动态的产业关联理论又被称为"微观动态结构分析理论"。

随着信息化技术的发展和产业融合进程的加快，产业关联的一般基础将由物质流占主导向物质流、服务流和信息流等多元基础转变，产业间的传导特征、传导路径不能仅关注物质流的传导。

第二节 基本概念

我国自改革开放以来到 20 世纪 90 年代后期都处于产品短缺状态，产能供给严重不足（江小涓，1999），之后迈过"短缺经济"进入相对过剩时代。《供给政策与需求政策的关系》课题组（2000）认为，一个经济体其完整的长期增长过程大致应包括两个子过程：一个为经济增长加速过程；另一个为经济结构调整过程。两个子过程在经济体的长期发展过程中交替出现。在增长过程中，一些行业加速发展，提供持续力量驱动经济增长，成为经济发展的主导部门；同时，旧的主导部门被取代，产品需求下降，形成大量过剩产能。过剩产能如果及时退出市场，经济将平稳过渡，但由于资产的专用性、地方政府干预等因素造成产能退出障碍，促使"僵尸企业"的产生，就会造成结构性的产能过剩。在结构调整过程中，决定经济增长速度的主要力量仍是加速周期的主导性力量，但它的作用已开始减退，甚至出现明显的下降；同时，新的主导部门正在积极地酝酿之中，新部门的可观利润刺激企业加速产能扩张，对于新主导部门的发展预期共识使得地方政府纷纷进行布局，而对新主导部门的产品还没有形成相匹配的足量需求，造成短时期的产能过剩。

无论是经济增长过程还是结构调整过程均会造成产能过剩，产能过剩的产生和发展既受到市场规律影响也被体制和政府干预因素所制约。产能过剩问题反复发生既根源于我国特殊的产能均衡变动过程，又根源于产能均衡变动的影响因素。构建产能均衡动态监测体系和失衡风险预警体系的前提与关键，是在对传统产能过剩概念批判与继承的基础上重新表述并诠释产能均衡、产能失衡和产能过剩的概念。

一、传统产能过剩概念及其局限性

传统的产能过剩概念存在较大的差异和分歧，柯克利等（Kirkley et al., 2004）认为，当生产能力超出了期望或目标产量时，就出现了产能过剩。OECD 将企业以低于其设计规模的产出进行生产的情况视为产能过剩。有学者认为，生产能力的总和大于消费能力的总和，即可称之为产能过剩；也有学者认为，产能过剩应是一个相对概念，具有阶段性特征，应随着需求的变化而变化；还有学者认为，产能过剩是一个结构性概念。

传统的产能过剩概念的差异和分歧主要在于三个方面：①研究目的和视角

差异造成的产能概念界定存在本质差别；②产能过剩测度结果存在巨大差异；③缺乏对产能过剩"合理界限"的研究，使得产能过剩危害性和产能过剩程度判断存在争议。

（一）产能概念的界定与辨析

张伯伦（Chamberlin，1947）指出，完全产能应被定义为完全竞争均衡条件下的产出水平，并认为是不完全竞争引起了经济组织的无效率，从而产生了产能过剩。其产能过剩概念的提出是建立在完全产能界定基础上的，而完全产能也就是我们通常提到的生产能力，简称产能（capacity output），是在一定条件下的一个最优值。产能有多种定义角度，以此为出发点，本书对产能概念进行了细致的梳理和归纳。

1. 经济产能

大部分学者的产能定义遵循微观视角，微观视角定义的产能又有传统技术产能与传统经济产能之分。谢赫等（Shaikh et al.，2004）将产能进行总结归纳后认为，区分工程学意义的产能（技术产能，physical capacity）与经济学意义的产能是非常重要的。克里曼斯（Cremeans，1978）认为，技术产能视角概念更为准确和客观，然而在经济意义上并不是一个有益的概念。如果我们关注价格压力或者同额外产能相关联的潜在投资时，技术产能概念视角可能会造成某种误导。克里曼斯指出，产能概念的采用同研究目的息息相关，不同的研究目的应采用不同的产能概念。

传统经济产能可追溯至 1937 年卡塞尔（Cassel）的定义，其后克莱因（Clein，1960）、博恩特等（Berndt et al.，1981）以及莫里森（Morrison，1985）均沿用这一传统定义，把产能定义为在现有厂房、设备和要素价格一定情况下的短期总平均成本位于最低点所对应的产出。此后，内尔森（Nelson，1989）、布列克（Briec，2010）和德博尔格（De Borger，2012）等多位学者对经济产能概念的明晰和发展做出了重要贡献。

具体来讲，成本导向的定义可以分成以下三种情况：

第一种经济产能 Y^* 是在现有厂房和要素价格一定情况下的短期总平均成本位于最低点所对应的产出［见图 2-2 中的点 (y_1, a_1)］，成本函数为 $C(y, w^v, x^f | V)$：$C(y, w^v, x^f | C)$。该定义强调短期技术的使用，平均总成本函数形状由收益递减规律决定（下面，我们将其称为"顶点定义"）。

第二种经济产能 Y^* 定义为长期平均成本与短期平均成本的切点所对应的产出，这个点也是短期扩张路径与长期扩张路径的交点，因而该定义在理论上有着很强的吸引力（下面，我们将其称为"切点定义"）。

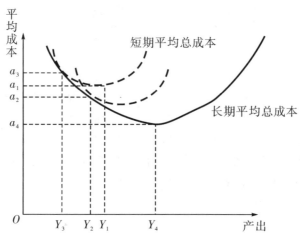

图2-2 成本导向经济产能定义比较

切点定义根据可调整部分的不同可分为两种:一种是固定投入可调整(tangency cost with modified fixed inputs)[见图2-2中的点(y_2, a_2)],其成本函数为

$$C^{\text{tang1}}(y, w^{f*} \mid V) : C^{\text{tang1}}(y, w^{f*} \mid V)$$
$$= C(y, w \mid V)$$
$$= C(y, w^v, x^{f*} \mid V)$$

另外一种则是产出可调整(tangency cost with modified outputs)[见图2-2中的点(y_3, a_3)],其成本函数为

$$C^{\text{tang2}}[y(p, w^f, x^f), w, w^f \mid V] : C^{\text{tang2}}[y(p, w^f, x^f), w, w^f \mid V]$$
$$= C(y, w^f, x^f, w \mid V)$$
$$= C[y(p, w^f, x^f), x^f \mid V]$$

第三种经济产能Y^*定义则是长期平均成本的最低点[见图2-2中的点(y_4, a_4)],此概念在文献中应用极少。

由图2-2不难看出,选择不同的产能定义其测度结果差距很大,势必将对后续研究结果造成重大影响。不同的经济产能测度方法的差别依赖于规模报酬假定,在规模报酬不变(CRS)的假定下,所有经济产能定义测度结果重合。也就是说,使用切点定义或者使用顶点定义测度得到的结果是一致的。而如果规模报酬递增,则切点定义测度结果大于顶点定义测度结果,规模报酬递减则会得到相反的测度结果(Nelson,1989)。

2. 技术产能

传统的技术产能定义也可称为产出导向产能定义,可追溯至约翰森

（Johansen，1968）的定义，其认为产能是在可变投入不受限制的情况下利用现有厂房和设备于单位时间内生产的最大产出。我们称之为产出最大化定义（见图2-3的y^{GJ}），另外还有收入最大化（见图2-3的y^r）、可变利润最大化（见图2-3的$y^{v\pi}$）和径向经济可变利润最大化（见图2-3的y^{rec}）之分。

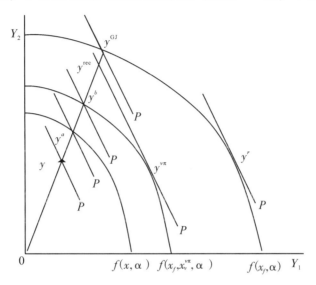

图2-3　产出导向产能定义比较

产能尤其是技术产能概念同生产效率息息相关，生产效率因素也是产能利用程度不高、产能过剩形成的重要原因。

3. 宏观产能

张晓晶（2006）认为，讨论产能应区分宏观产能和微观产能。但是，不存在宏观层面意义上的技术产能，因而宏观产能只是经济意义上的产能。宏观产能是指整个社会在给定技术、偏好和制度的前提下，所有各类资源（如资本、劳动力等）正常限度地得到充分有效利用时所能实现的产出。张晓晶还认为，潜在产出指的就是宏观产能。由此衍生来的宏观产能过剩即指经济活动没有达到潜在产出水平，从而存在着资源的未充分利用。一般来说，当实际经济增长低于潜在增长时，就会出现宏观产能过剩；而当实际经济增长高于潜在增长时，就会出现宏观产能的过度使用。

（二）传统产能过剩测度存在的弊端

传统的产能过剩研究实际产出与生产能力之间的关系，一般从绝对量和相对量两种途径测度产能过剩。首先来看绝对量形式，朱南卡尔（Junankar，1970）在论证产能过剩与投资关系的研究中即采用绝对量形式来表示产能过剩。如果令 Y_{it}^* 为产能，而实际产出为 Y_{it}，过剩产能（excess capacity，EC）$EC_{it} = Y_{it}^* - Y_{it}$。其次来看相对量形式，也就是产能利用率（the rate of capacity utilization，CU），为实际产出与生产能力之比，即

$$CU_{it} = \frac{Y_{it}}{Y_{it}^*} \qquad (2-1)$$

目前，我们采用的产能利用率数据有两种来源：一种是直接调查数据；另一种是间接测算数据。

1. 直接调查数据质量不高

这里的数据质量指的是就科学研究目的而言，数据频率较低，数据时间跨度较短，不同来源数据难以衔接。图 2-4 是我国目前能够获取的产能利用率调查数据，其中 OECD 提供了 2002—2011 年的制造业产能利用率季度数据，国家统计局工业司发布了 2013—2017 年的工业产能利用率季度数据。两者统计口径有差异，OECD 数据为制造业口径，国家统计局数据为工业口径，一般工业口径产能利用率数据相比制造业统计口径数值更低。现有调查数据统计口径不一致，数据频率较低，时间跨度短，数据质量不高。就目前的数据长度和数据质量而言，以现有的调查数据作为产能过剩的唯一监测指标难以支撑深入细致的研究。

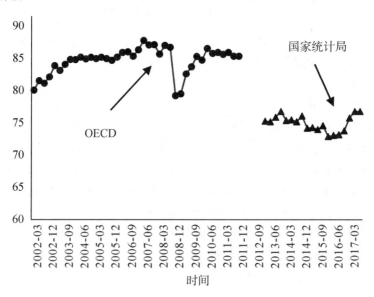

图 2-4 现有的产能利用率调查数据

不同国家产能利用率的指标口径、数据表示方法和发布频率存在一定的差异：就指标统计口径而言，有的国家为制造业口径，有的国家为工业口径；就数据表示方法而言，一般用百分数，泰国和日本则为指数点；就发布频率而言，有的国家只发布年度数据，有的国家则是季度数据，还有的国家是月度数据。这给国际比较增加了难度。

2. 不同来源数据差异大，缺乏比较基础

学者们普遍采用间接测算方法得到的产能利用率来衡量产能过剩，采用成本函数、生产函数、H-P 滤波等方法力争对生产能力给出完美估计以间接推算产能利用率，也有部分学者使用数据包络分析（DEA）方法对产能利用率进行估算。由于研究目的、函数形式、估计方法和数据处理方式的不同，不同学者估算得到的产能利用率结果大相径庭，不仅数值差距大，甚至趋势也不尽相同，且估算方法得到的产能利用率一般为低频年度数据。

例如，杨光（2010）估算了 2007 年的产能利用率为 82.11%，其预测的 2008 年的产能利用率为 79.61%。杨光（2012）通过构建含有微观基础的企业投资模型，估算得到的 2008 年中国设备利用率为 88%，用 H-P 滤波法得到的估算结果则是 101.84%。而同期中国人民银行 5 000 家企业调查数据显示的设备能力利用指数为 42.35%；同年 OECD 发布的中国制造业产能利用率季度数据分别为 85.69%、87.04%、86.74% 和 79.22%，平均为 84.67%；IMF 发布的产能利用率数据为 72.6%；国家统计局发布的工业产能利用率数据为 77.2%。不同来源产能利用率数据比较（2008—2011 年）见表 2-1。

表 2-1　不同来源产能利用率数据比较（2008—2011 年）

来源	指标	数据			
		2008 年	2009 年	2010 年	2011 年
中国人民银行2011年第四季度企业家问卷调查综述	设备能力利用指数（设备利用率）	42.35	38.68	43.27	43.06
OECD	制造业产能利用率	84.67	82.8	85.77	85.6
IMF	产能利用率	72.6	68.2	64	60.8
国家统计局	工业产能利用率	77.2	73.1	79.2	80.4
H-P 滤波法	产能利用率	101.84	98.43	104.17	111.32
AK 函数法	产能利用率	65.7	61.6	58.6	55.9

注：①中国人民银行与 OECD 给出的数据均为利用季度数据计算得到的年度平均值，IMF 数据来自 2012 年中国年度报告；②OECD 和 IMF 产能利用率只能获取到截至 2011 年年底的数据，因而本书的比较分析基于 2008—2011 年。

另外，在世界银行发布的 2012 年中国企业调查[①]数据中，我国制造业产能利用率为 87%，而同期全球平均水平为 72.4%，东亚及太平洋国家平均水平为 78.5%。从单一维度产能利用率指标的横向比较来看，中国的产能利用程度是比较高的。

巨大的数据差异造成了学者们对产能过剩严重程度判定的争议。钟春平和潘黎（2014）以 2012 年部分国家及国家集团的制造业产能利用率的横向比较为证据，说明了"中国的产能利用率相对而言还不是十分糟糕"；而有的学者则认为当前中国工业产能过剩问题严峻，已经严重制约了经济的回升和发展（韩国高，2017）。数据差异以及产能利用率"合理界限"确定问题造就了对产能过剩判断的争议，建立在不同判定基础上的各项缓解产能过剩问题政策的有效性难以客观评价。

（三）"闲置产能"或"富余产能"是否等同于"过剩产能"

如果使用绝对量形式来表示产能过剩，将闲置产能（slack capacity，SC）分解为过剩产能（EC）与储备产能（RC）之和，则 $SC = Y^* - Y = EC + RC$。如果"闲置产能"就是"过剩产能"，那么储备产能 RC 为 0，是不存在的；反之，说明储备产能具有合理性，闲置产能不等于过剩产能。

1. 储备产能存在的合理性分析

前述提到的柯克利等（Kirkley et al.，2004）的产能过剩概念是生产能力与期望或目标产量之差；而刘晔和葛维琦（2010）的产能过剩概念是闲置生产能力与维持正常生产（产业链的正常运转及维护消费者利益）和市场竞争所需要的那部分生产能力之差。出于维持正常生产和市场竞争的需要而存在的富余生产能力，我们可以称之为"储备产能"。

在新古典产业组织理论中，产能不能充分利用应该说是一种常态，它或者源于需求的波动性，企业出于柔性生产的需要保有部分富余产能以平滑需求波动带来的冲击；或者源于企业的策略，以阻止新企业的进入；或者源于消费者对"产能过剩"这种状况的认可，即他们愿意为此付出较高的价格，如顾客愿意同存在产能"闲置"、能立即生产所需产品和提供所需服务的企业交易，顾客会向能最快供货的企业订货，到不用等候的服务场所消费等，并愿意为此支付较高的价格（江小涓，1995）。

贝恩（Bain，1956）最早提出在位企业利用富余产能作为阻止新企业进入的壁垒。帕希吉安（Pashigian，1968）简要地提到了产能过剩被在位企业通过

---

① 该调查样本为 1 652 个，标准误差为 0.2。

较低的价格和使用这些过剩产能用来威胁和阻止其他企业进入的可能性。雷诺（Renolds，1986）通过对铝业的实证研究发现，企业采取威慑性的策略会造成产能闲置，但这只是产能闲置的部分原因。威尔（Ware，1985）将存货作为一种储备和跨期利润最大化的策略，通过抛售存货这种做法对潜在进入者形成进入的威慑①。

理性企业做出的竞争策略总是在利润最大化或者跨期利润最大化下进行的正常生产经营行为，作为竞争策略存在的产能闲置并不会影响企业获利，也不会带来风险。当然，非理性的"跟风"行为除外。班纳吉（Banerjee，1992）以外部信息不完全为前提，假设企业由于对外部环境的判断失误进而导致的"跟风"行为造成产能过剩，这与我国地方政府的投资热潮有一定的相似之处，而往往这种"跟风"行为会导致预期市场获利的不确定性，为企业经营带来风险，同时由于企业同资本市场资本借贷行为的存在，从而企业经营风险外部化。

部分学者把产能闲置看作经济周期波动下的常态现象。在经济繁荣时期，企业出于对短时间内预期需求会增加的考虑，会扩大投资、增加产能；而在经济形势不好时，由于需求的大幅下降而带来产能的闲置。布林德（Blinder，1982）提出为了提高供给的灵活性，企业不仅会使用商品存货，还会考虑使用生产要素的窖藏。阿贝尔等（Abel et al.，1986）指出，在经济波动的低谷时期，企业并不会因为经济的暂时不景气而减少生产要素，由于调整成本的存在而采取保有过剩要素的方式来减少成本。企业"窖藏"动机下的劳动力闲置以及同劳动力闲置相联系的资本闲置，从理论上讲不能认为是真正的"过剩产能"。

综上所述，储备产能的存在是合理的，竞争性策略和周期波动预防动机下的储备产能不会给企业生产经营带来风险；然而，当周期波动过大，超越了企业供给柔性管理的需要，并进而影响到企业获利时，此时的产能闲置就越过了储备产能的界限，成为过剩产能，给企业获利带来风险。

---

① 存货的存在是为了保证生产经营过程的持续性，它是生产经营过程中不可缺少的资产，也是保证生产经营活动连续顺利进行的必要条件。但是存货在企业运营资本中占有很大的比重，而且流动性较差。一般情况下，存货占工业、建筑业企业总资产的30%左右（商业流通企业会更高），存货的管理利用情况直接关系到企业的资金占用水平及资产运作效率。但这里应该指的是产成品存货，因为存货中的原材料和半成品等因行业的不同而不同，产成品存货能够更好地反映产能过剩风险波动。

2. 储备产能存在的现实证据

正常的储备产能存在前提下，产能利用率小于100%；而当产能闲置超越储备产能的界限，引发产能过剩时，产能利用率就会更低。

图2-5给出的是1996年1月到2016年7月世界24个经济体产能利用率的3个代表水平值：最高值、最低值和平均值，各经济体产能利用率的最高水平亦位于产能利用率100%的水平线以下，证实了储备产能的存在性，也证明过剩产能远小于富余产能。

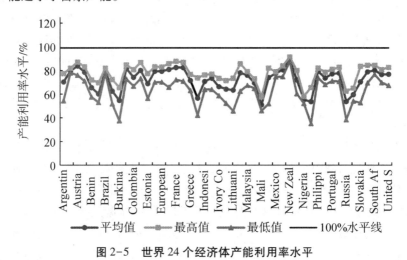

图2-5　世界24个经济体产能利用率水平

数据来源：根据 https://zh.tradingeconomics.com/ 和 https://fred.stlouisfed.org/ 数据库整理。

（四）产能过剩的"合理界限"

储备产能的存在是合理的，但多大规模的"储备产能"（reserve capacity，RC）才是合理的？同时，多大规模的产能是真正过剩的？产能利用率由于取值范围在0与1之间，有些学者认为产能利用率是一个便于操作的变量，可以不直接从理论界定入手，避免了争议，似乎有利于研究"合理界限"问题。但其便于操作往往是从测算的角度来说的，实际应用中仍然绕不开产能过剩的"合理界限"问题。

欧美国家学者从两种视角考虑产能利用率"合意值"问题：一种是以经验值作为"合意值"，经济稳定发展时段的产能利用率均值可作为产能利用率的"合意值"；另外一种则是以不引发通货膨胀为目标来确定产能利用率的"合意值"，称之为非加速通货膨胀产能利用率（non-accelerated inflation capacity utilization rate，NAICU）（Kenneth et al.，1997）。

对于产能利用率与通货膨胀之间关系的研究始于20世纪七八十年代，麦克尔哈顿（McElhattan）认为当产能利用率超过 82% 或通常来说在 80% ~ 83.5% 时，通货膨胀就会加速；并且其估计表明，在 82% 以上产能利用率每增加 1 个百分点，通货膨胀将平均增加 0.12%。已有研究尽管涵盖美国不同的样本时期，NAICU 值基本在 82% 左右，似乎产能利用率"合理界限"对于样本期的变动并不敏感。

考虑到表 2-2 的研究距离现在已过去数十年，本书在数据可得前提下，采用部分 OECD 国家样本 2000 年一季度到 2017 年一季度的跨国面板数据对产能利用率"合理界限"水平值进行再估计，得到估计结果为 78.51%，相较于表 2-2 的研究结果相差 3% ~ 3.5%。非加速通货膨胀产能利用率估计的经验研究见表 2-2。

表 2-2　非加速通货膨胀产能利用率估计的经验研究

作者与发表时间	样本期	取样地区	NAICU 值/%
McElhattan（1978）	1954—1973	美国	81.95
	1954—1977		81.92
McElhattan（1985）	1959—1983	美国	81.7
Thomas A. Gittings（1989）	1971—1988	美国	82
Garner（1994）	1961.1—1994.2	美国	82
Kenneth 和 Chang（1997）	1967.1—1982.12	美国	82.8
	1983.1—1996.2		81.4

数据来源：根据相关文献整理。

由于本书采用跨国样本，该差异可能是因为美国以外的其他经济体产能利用率"合意值"水平较低造成，也可能是因为 2000 年之后产能利用率"合意值"水平下降了。为此，本书对 2000 年一季度到 2017 年一季度的美国数据单独做实证分析验证，产能利用率"合意"水平估计结果为 76.83%，较 20 世纪 70—90 年代学者的估计结果下降约 5%，美国产能利用率"合意"水平显著下降。可以认为，2000 年之后的世界产能利用率"合意"水平下降具有普遍性。本书还分别估计了国际金融危机前后样本的产能利用率"合意"水平值，发现国际金融危机之后产能利用率"合理界限"水平进一步下降，较国际金融危机前的 78.78% 下降到危机后的 74.29%，下降了 4.49%[①]。

准确来说，这个"合理界限"只是不引起通货膨胀的合理界限，是否为

---

① 构建 T 统计量对差值进行显著性检验，该差值显著异于 0。

产能过剩的"合理界限"还有待商榷。但仍有不少学者使用 NAICU 值，如韩国高（2012）提到根据欧美经验产能利用率的正常波动范围在 79%~83%，超过 90% 则认为产能不足，存在生产设备能力超负荷现象，而产能利用率低于 79%，则视为可能出现产能过剩现象；陶忠元（2011）则认为，产能利用率低于 78% 则会出现产能过剩问题。

产能利用率的"合理界限"是产能利用率作为产能过剩评价指标合理与否的重要基准。在不明确产能利用率的"合理界限"情况下识别产能过剩，易形成错误的产业政策导向。在中国，产业政策本身是产能非均衡发展过程中的内生变量，错误估计产能利用率的"合理界限"无疑增大了产能失衡风险。

鉴于传统产能过剩研究的不足，本书构建一个内涵更为广泛的产能均衡概念表述框架，重新表述产能均衡、产能失衡风险和产能过剩风险；通过对产能均衡的动态监测和特征分析追踪产能均衡动态调整过程，评估调整效果，从而不再拘泥于产能利用率合理区间问题，也避免了单一指标应用的片面性。

二、产能均衡概念表述框架

本书将从产能过剩最为直观也最为普遍的定义视角（供求关系视角）入手，构建一个广泛的产能均衡概念表述框架。

假定 i 行业在时刻 t 的实际产出可以用公式表示为

$$Y_{it} = Y_{it}^{*} + C_{it} \qquad (2-2)$$

其中，Y_{it} 代表 i 行业在时刻 t 的实际产出[①]，Y_{it}^{*} 代表 i 行业在时刻 t 的产能，这里本书沿袭克莱因（Clein，1960）、伯恩特等（Berndt et al.，1981）、莫里森（Morrison，1985）的定义，把产能定义为在现有厂房、设备和要素价格一定情况下短期总平均成本位于最低点所对应的产出，是一定条件下的一个最优值。式（2-2）意味着行业实际产出取决于产能，且受到其他因素影响。

（一）产能均衡的定义和性质

回到式（2-2），$C_{it} = Y_{it} - Y_{it}^{*}$，是实际产出与生产能力之差。$C_{it}$ 可能为正值，也可能为负值。当其为正值时，实际产出大于产能，表现为产能供给不足；当其为负值时，实际产出小于产能，呈现产能过剩。我们借鉴博库舍瓦等（Bokusheva et al.，2006）以及贾斯特等（Just et al.，2016）的思想，将产能均衡定义为 C_{it} 在一定时期一定范围内随机波动的状态。

---

① 这里假定实际产出能够及时根据需求做出调整。

如果 $E(C_{it}) = \sum_{i=1}^{N} \sum_{t=1}^{T} C_{it} = 0$，表明工业整体（包含 N 个大类行业）在 1 到 T 时期产能均衡发展；如果 $\sum_{i=1}^{N} \sum_{t=1}^{T} C_{it} \neq 0$，$\sum_{i=1}^{N} C_{it} = 0$，表明存在产能的动态失衡；如果 $\sum_{i=1}^{N} \sum_{t=1}^{T} C_{it} \neq 0$，$\sum_{t=1}^{T} C_{it} = 0$，则表明存在产能的结构性失衡。

在 $E(C_{it}) = \sum_{i=1}^{N} \sum_{t=1}^{T} C_{it} = 0$ 条件下计算得到的产能利用率为无偏产能利用率。事实上，C_{it} 随着实际产出 Y_{it} 和产能 Y_{it}^{*} 的变化而变化，需求波动、经济周期性变化、不当的政府干预行为、行业特征变动、基于不同理论和定义而产生的测度误差等都可能使得 C_{it} 呈现出某种系统性或结构性模式特征，造成产能失衡。我们利用 H-P 滤波方法计算得到 2001 年 1 月到 2017 年 9 月的月度工业产能利用率，对数据序列进行游程检验①。结果表明，月度工业产能利用率具有显著的非随机性。

（二）产能失衡风险

产能均衡指的是 C_{it} 在一定时期一定范围内随机波动的状态。那么当 C_{it} 在一定时期内出现长时间的产能供给不足或长时间的产能过剩状态，或者波动幅度超出一定范围时，认为出现了产能失衡。C_{it} 的多因性和复杂性决定了产能失衡发生时间、持续时间、波动幅度的不确定性，产能失衡的不确定性来源于产出的不确定性和产能的不确定性。

前面论述了储备产能存在的合理性和现实性，储备产能就是高于短期平均成本最低点所对应产出的那部分产能，至于高多少却是由周期变动、行业生产特征等因素而异。例如，周期变动幅度越大，储备产能就越高；行业生产要素调整难度越大，调整周期越长，储备产能就越高。储备产能的不确定性是产能失衡尤其是产能过剩不确定性的重要来源。产能进入或退出市场总是存在一定阻碍，资产性质、技术壁垒和政府干预造就了退出阻碍的不确定性，间接造成产能失衡的不确定性。

本书将产能失衡的不确定性称为产能失衡风险，分为产能供给不足风险和产能过剩风险。我们可以借用风险概念的测度方法来对产能失衡的不确定性进行数量刻画。

莫布雷（Mowbray，1995）认为风险就是不确定性。一般的风险概念可以从三个方向来进行测度：第一个方向是获利的不确定性。布罗米利

---

① $z = -10.379$，在 0.01 的水平上显著。

（Bromiley）认为，风险是公司收入流的不确定性。第二个方向是损失的不确定性。罗森布卢姆（Rosenbloom，1972）将风险定义为损失的不确定性；克兰（Crane，1984）认为风险意味着未来损失的不确定性[①]；博库舍瓦等（Bokusheva et al.，2006）则直接将风险定义为负向成果（损失）发生的概率。第三个方向是波动本身。马科维茨（Markowitz，1952）和夏普（Sharp，1964）等人将证券投资的风险定义为该证券资产的各种可能收益率的变动程度，并用收益率的方差来度量证券投资的风险。另外，风险不只是指损失发生与否的不确定性。朱淑珍（2002）认为风险是一个二位概念，风险以损失发生的大小与损失发生的概率两个指标进行衡量。王明涛（2003）则认为风险包括损失的概率、可能损失的数量以及损失的易变性三方面内容，其考虑到了损失的易变性，但认为可能损失的程度处于最重要的位置。

（三）产能失衡风险的数量特征刻画

对于行业产能失衡风险而言，其波动程度因行业而异，方差等绝对水平并不适合用来刻画行业产能失衡风险。市场经济主体对于产能失衡的容忍程度也间接影响产能失衡风险的数量刻画，如果对产能失衡的容忍程度较高，那么可将 $E(C_{it}) = \sum_{i=1}^{N} \sum_{t=1}^{T} C_{it} = 0$ 调整为 $E(C_{it}) = \sum_{i=1}^{N} \sum_{t=1}^{T} C_{it} \leq a$，其中 a 是一个小的常数，用来描述市场。

经济主体对于产能失衡的容忍程度越高，a 就偏大一些，而容忍程度越低，a 就偏小一些。本书仍然假定 $E(C_{it}) = \sum_{i=1}^{N} \sum_{t=1}^{T} C_{it} = 0$。

2000 年以来，我国部分行业产能过剩现象频发，政府主导的抑制和化解产能过剩的努力尚未告捷，产能过剩成为中国经济转型期面临的重要风险问题。因此，我们借鉴博库舍瓦等（Bokusheva et al.，2006）的风险定义，主要考察负向成果（产能过剩）的发生时间、持续时间、发生率、相对规模和可能性特征。

具体来讲，在不考虑随机因素情况下，负向成果发生的时间即 $C_{it} < 0$ 的时间，假定起点为 t_k，终点为 t_{k+m}，则负向成果的持续时间为 $m = 1, 2, 3, \cdots, M$，是产能过剩严重程度的一种衡量方式。整个样本期可能有多次负向成果发生，持续时间分别为 $m_1, m_2, \cdots, m_j, \cdots, m_n$，$n$ 为负向成果（产能过剩）发生次数，一般统计连续三个月及以上或者连续六个月及以上负向成果的发生

① 郭晓亭，蒲勇健，林略. 风险概念及其数量刻画 [J]. 数量经济技术经济研究，2004（2）：111-115.

次数①，则平均持续时间和最大持续时间为

$$\overline{m}_j = \frac{1}{n} \sum_{j=1}^{n} m_j, \ \max m_j \tag{2-3}$$

过剩风险发生率为总的持续时间与样本时间 T 之比，即

$$p_{EC} = \frac{\sum_{j=1}^{n} m_j}{T} \tag{2-4}$$

负向成果深度（相对规模）可以有两种刻画角度：一种是最大深度，刻画最严重的衰退程度，即

$$l'_{ik} = \frac{\max \sum_{t=t_k}^{t_{k+m}} |C_{it}|}{\frac{1}{n} \sum_{1}^{n} \sum_{t=t_k}^{t_{k+m}} |C_{it}|} \quad m = 1, 2, 3, \cdots, M \tag{2-5}$$

另一种是平均深度，是负向成果平均规模与样本期均值之比，即

$$l''_{ik} = \frac{\sum_{t=t_k}^{t_{k+m}} |C_{it}|/m}{\frac{1}{n} \sum_{1}^{n} \sum_{t=t_k}^{t_{k+m}} |C_{it}|} \quad m = 1, 2, 3, \cdots, M \tag{2-6}$$

式（2-6）用来度量每次产能过剩发生的平均衰退程度。

我们还可以将负向成果规模与样本期最大值相对比，即

$$l'''_{ik} = \frac{\sum_{t=t_k}^{t_{k+m}} |C_{it}|/m}{\max \sum_{t=t_k}^{t_{k+m}} |C_{it}|} \quad m = 1, 2, 3, \cdots, M \tag{2-7}$$

式（2-7）用来度量每次产能过剩的发生相比最严重衰退的程度，取值范围是 $l'_{ik} \leqslant 1$。

负向成果的概率度量产能过剩发生的可能性，记为 p_{CRI}。

现实中，产能过剩风险的增大会带来企业利润下滑、亏损增加、职工下岗、企业应收账款的增加等问题，这是由于产能过剩造成的原生风险。这种原

---

① 班内尔吉等（Banerji et al., 2001）提出识别周期运动的"3P"准则，即显著性（pronounced）、普遍性（pervasive）和持久性（persistent）。显著性准则指的是产能过剩的程度或深度；普遍性准则指的是产能过剩应该是许多指标的共同表现，某个指标的上升或下滑现象可能是某个特殊因素造成，不能断定存在产能过剩；持久性准则也称最小持续时间准则，经济指标的下滑或上升应该持续一定的时间。本书对于年度模型的设定是一年，而对于月度模型设定了三个月和六个月两个标准，以最大限度地了解和分析我国的工业产能均衡变动规律。

生风险可能在某些经济条件和情境下进一步衍生出系统性的金融风险和宏观经济风险，如产能过剩治理中的产能淘汰过程中发生的人员安置等以及处置失当所造成的一定的社会经济秩序混乱等损失的风险；淘汰部分产能造成的银行呆坏账等金融风险等。本书只考察原生产能过剩风险，不考虑由于产能过剩状况的存在以及治理产能过剩所产生的衍生风险。

三、相关概念辨析

（一）重复建设、生产过剩和产能过剩

"重复建设"是我国很多学者在提到产能过剩时经常使用的一个概念，很多学者是将"重复建设"作为产能过剩的代名词来使用的。"重复建设"和产能过剩都是一种现象，两者都和固定资产投资有着密不可分的联系。"重复建设"是一个带有较强主观判断的概念。一般而言，在位企业面对新进入企业，容易产生"被重复"的感觉；相反，很少有新进入的企业认为自身的进入损害了在位企业的利益，或者即使有损害也认为是公平竞争。"重复建设"造成了产业的同构化，但是并不必然引发产能过剩，中国产生产能过剩的部分原因是"重复建设"造成的，但并不是全部。

马克思在《资本论》中提到的是生产过剩概念，从现象的表现来说生产过剩表现为产品积压、价格下跌、企业亏损严重等。1929—1933 年的经济大危机就被认为是生产过剩的表现。但是随着信息技术的提高，以及企业对生产和存货管理的增强，订单生产的实行基本上消除了由于产品积压造成的生产过剩。另外，产能过剩的度量侧重于生产潜能，而生产过剩的评价侧重于生产结果；产能过剩往往是导致生产过剩的直接原因，而生产过剩则是产能过剩的市场反应（李江涛，2006）。

（二）整体过剩、结构过剩和产品过剩

过剩和"短缺"是产能失衡的两个方面，一个市场经济体不可能出现持续的过剩或者持续的短缺，也不可能存在影响到宏观经济运行的整体过剩，因而过剩总是相对的。正如杨文进（1991）指出的，有的部门存在过剩，有的部门就会存在短缺。因此，细分行业过剩或者产品过剩，都可称之为结构过剩。引起行业过剩和产品过剩的原因有很多，其中包括经济周期循环的因素，那么行业过剩和产品过剩是经济周期循环的先期信号，景气分析中往往将行业或者产品的产能利用率作为领先指标，为经济衰退提供早期预警。然而也有很多非周期因素引发行业过剩和产品过剩，如对于产品过剩而言，产品生命周期就是一个重要的影响因素，如果某产品处于产品生命周期的末段，过剩是必然

的，而这种产品的过剩是不需要政策干预的。过度的政策干预会延缓老旧产品退出市场，阻碍新产品的上市，延缓产品更新换代的进程，并在一定程度上阻碍产品的技术创新进程。

而行业产能过剩则不能完全交由市场，我们应对行业产能过剩情况进行动态监测，对行业产能均衡动态监测指数的各个成分指标所表现出来的信号予以分析，确定政策干预的临界值。

第三节　本章小结

本章首先对产能均衡变动研究涉及的相关理论做了系统性梳理，其次在对传统产能过剩概念批判与继承的基础上引出本书的基本概念以及对概念的分析和数量特征刻画。

本章的主要研究目的是在已有研究基础上构筑产能均衡概念表述框架，把产能均衡、产能失衡风险和产能过剩风险纳入统一的概念框架中。本章首先梳理了相关理论。其次指出传统产能过剩概念内涵界定、测度方法存在的争议，单一维度产能过剩的"合理界限"及其应用中受到的限制；并在此基础上给出了产能均衡改变表述框架，对产能过剩风险的数量刻画问题做了详细的分析。最后对现有的几个同产能过剩相关的名词和概念做了简要梳理和比较，如重复建设、生产过剩、整体过剩、结构过剩和产品过剩。

第三章　产能均衡动态监测体系及实证

第一节　产能均衡变动理论模型

根据莫里森（Morrison，1985）的研究，产能的测度考虑短期不变的固定投入 $\bar{K}_i$，新增固定资本 $\dot{K}_{it}$，代表可变投入的劳动力、能源、原材料 L_{it}，E_{it}，M_{it} 以及相应的价格水平 P_K，P_L，P_E，P_M，所以

$$Y_{it}^* = f(X,\ P) = f(\bar{K}_i,\ \dot{K}_{it},\ L_{it},\ E_{it},\ M_{it},\ P_K,\ P_L,\ P_E,\ P_M) \quad (3-1)$$

其中，$\bar{K}_i$，$\dot{K}_{it}$，L_{it}，E_{it}，M_{it} 分别代表 i 行业的固定资本在时刻 t 的新增资本、劳动力、能源和原材料投入，P_K，P_L，P_E，P_M 分别代表 i 行业在时刻 t 的资本投入、劳动投入、能源投入和原材料投入价格水平。

那么，产能均衡变动即

$$C_{it} = g(Y_{it}, Y_{it}^*) + u_{it} = g(Y_{it}, P_Y, \bar{K}_i, \dot{K}_{it}, L_{it}, E_{it}, M_{it}, P_K, P_L, P_E, P_M) + u_{it}$$

$$(3-2)$$

其中，P_Y 为产出价格水平。另外，产能的提供受到效率因素影响，Färe 等（1989）认为没有考虑技术非效率的产能利用率为有偏产能利用率；张少华和蒋伟杰（2017）、余淼杰等（2018）部分学者亦强调实际产出与产能的比值是有偏产能利用率。因而本书将 α_i 即 i 行业的技术参数纳入式（3-2）中，α_i 因行业而异，假定短期内不发生显著变动，得

$$C_{it} = g(Y_{it}, Y_{it}^*, \alpha_i) + u_{it} = g(Y_{it}, P_Y, \bar{K}_i, \dot{K}_{it}, L_{it}, E_{it}, M_{it}, P_K, P_L, P_E, P_M, \alpha_i) + u_{it}$$

$$(3-3)$$

根据式（3-3），产能均衡变动是产出 Y_{it}，产出价格水平为 P_Y，固定资本、新增资本、劳动力、能源和原材料投入为 $\bar{K}_i$，$\dot{K}_{it}$，L_{it}，E_{it}，M_{it}，新增资

本投入、劳动投入、能源投入和原材料投入价格水平为 P_K，P_L，P_E，P_M 和行业技术参数 α_i 的变动以及随机扰动的函数，是产能均衡动态监测的对象。我们可以通过对 Y_{it}，P_Y，$\bar{K}_i$，$\dot{K}_{it}$，L_{it}，E_{it}，M_{it}，P_K，P_L，P_E，P_M，α_i 变动的测度来间接实现产能均衡的动态监测。

我们将 u_{it} 假定为零均值，也就是常数方差的正态变量，因而我们只需要测度 Y_{it}，P_Y，$\bar{K}_i$，$\dot{K}_{it}$，L_{it}，E_{it}，M_{it}，P_K，P_L，P_E，P_M，α_i 的可观测指标的共同变动①，以其共同变动成分作为产能均衡变动代表变量，编制产能均衡动态监测指数，便可以通过对产能均衡动态监测指数的分析来测算和描述产能均衡变动以及产能失衡的发生情况。

我们设 F_t 为 t 时期 $n \times 1$ 维向量，F_t 可观测②，是去掉趋势变动的平稳部分。在单一变量模型中，F_t 包括两个随机成分：一个是不可观测的共同变动成分或监测指数 C_t；另一个是代表序列的特殊变动以及测量误差的成分 u_t。假定 u_t 的期望值为 0，u_t 与 C_t 独立，以上变量满足关系式

$$F_t = \beta + \gamma(L)C_t + u_t \tag{3-4}$$

式（3-4）不同于通常的回归模型，C_t 作为解释变量，本身不可观测，必须对其进行估计，该模型被称为 UC 模型（unobserved component model）。对于式（3-4），通常的回归方程估计方法显然不可行，必须借助于状态空间模型。在状态空间模型中，式（3-4）被称为量测方程，可以认为其中不含观测误差。

我们将 C_t 和 u_t 看成随机过程，C_t 为 AR(p) 过程，u_t 的每一个分量为 AR(r) 过程，用公式表示即

$$\Phi(L)C_t = \delta + \eta_t \tag{3-5}$$

$$\Theta(L)u_t = \varepsilon_t \tag{3-6}$$

其中，

$$\Phi(L) = 1 - \Phi_1 L - \Phi_2 L^2 - \cdots - \Phi_p L^p, \tag{3-7}$$

$$\Theta(L) = I_n - \sum_{i=1}^{r} \Theta_i L^i = I_n - \Theta_1 L - \Theta_2 L^2 - \cdots - \Theta_r L^r \tag{3-8}$$

$\Theta_i = \text{diag}(\theta_{i1}, \cdots, \theta_{in})$；$L$ 为延迟算子：$LC_t = C_{t-1}$，$Lu_t = u_{t-1}$。

假定 $\eta_t \sim N(0, \sigma^2)$，$\varepsilon_t \sim N(0_n, \sigma^2 H)$ 且两者独立，其中 $H = \text{diag}(h_1, h_2, \cdots, h_n)$。

---

① 假定每个变量都受到产能均衡变动因子和特殊因子的影响。
② 假定已经消除季节变动。

式（3-5）和式（3-6）即状态空间模型中的转移方程，与通常的回归方程一样，在 F_t 正规化条件下来推断参数 γ，Φ，Θ，σ^2，H 没有本质上的影响。此时，式（3-4）至式（3-6）可写为

$$F_t = \gamma C_t + u_t \tag{3-9}$$

$$\Phi(L)C_t = \eta_t \tag{3-10}$$

$$\Theta(L)u_t = \varepsilon_t \tag{3-11}$$

我们将上述假定按照状态空间模型形式可重新表述如下，量测方程、转移方程和干扰项分别为

$$F_t = Za_t \tag{3-12}$$

$$a_t = Xa_{t-1} + \xi_t \tag{3-13}$$

$$\xi_t \sim N(0_{p+nr},\ \sigma^2\Sigma) \tag{3-14}$$

其中，状态变量 a_t 及干扰项 ξ_t 为

$$a_t = [\,_t^C\ C_{t-1}\ \cdots\ C_{t-p+1}\ u_t\ \cdots\ u_{t-r+1}\,]T$$

$$\xi_t = [\,_t^\eta\ 0\ \cdots\ 0\ \varepsilon_t\ 0\ \cdots\ 0\,]T \tag{3-15}$$

均为 $(p + nr) \times 1$ 向量。而 $Z = [\,\gamma\ 0_{n,\ p-1}\ I_n\ 0_{n,\ n(r-1)}\,]$，即

$$X = \begin{bmatrix} \Phi_1 & \Phi_2 & \cdots & \Phi_{p-1} & \Phi_p & & & & & \\ 1 & 0 & \cdots & 0 & 0 & & & & & \\ \vdots & \vdots & & \vdots & \vdots & & & 0_{p,\ nr} & & \\ 0 & 0 & \cdots & 1 & 0 & & & & & \\ & & & & & \Theta_1 & \Theta_2 & \cdots & \Theta_{r-1} & \Theta_r \\ & & & & & I_n & 0_n & \cdots & 0_n & 0_n \\ & & 0_{nr,\ p} & & & \vdots & \vdots & & \vdots & \vdots \\ & & & & & 0_n & 0_n & \cdots & I_n & 0_n \end{bmatrix} \tag{3-16}$$

Σ 为对角阵，$\Sigma = \mathrm{diag}[\,1\ \ 0'_{p-1}\ \ h_1\ \ h_2\cdots h_{n-1}\ \ h_n\ \ 0'_{(n-1)}\,]$。

第二节　产能均衡动态监测指标体系构建

斯托克等（Stock et al.，1989，1993）认为，经济变量所代表的真正波动应该是去掉了趋势变动要素的平稳部分，且不含季节性变动。因而 F_t 构成变量的选取需符合三个原则：一是符合产能均衡的定义，本书选取多种统计口径的实际产出，资本、劳动力、能源和原材料投入，价格水平，效率变化等可观

测指标；二是可观测变量是平稳的，因而本书采用可观测指标的增长率或增量形式；三是依据相关经济理论和前人研究，有确切的理论和文献证据表明产能均衡变动会具体体现到某些可观测指标上。

一、产能均衡动态监测指标体系构建

根据式（3-3），实际产出的变动，产出价格水平的变动，资本、劳动力、原材料和能源投入的变动以及各种投入价格水平的变动都会造成 C_{it} 的变动。技术水平在短期内不变，长期中也会引起 C_{it} 的变动。而 C_{it} 的变动也会反映到产出、投入、价格水平等可观测指标上。周阳（2006）将产能过剩定义为实际生产能力超过社会需求，并导致出现产品积压、竞争加剧、价格下跌、利润下滑等现象。卢锋（2010）把产能过剩①定义为主要发生在工业部门的闲置富余产能超过某种合理界限的现象，并且认为产能过剩通常伴随价格下降和利润减少以至持续亏损。陶忠元（2011）指出应该在综合产品库存、产销比率、产品价格回落、行业亏损面、企业破产数量、贸易受阻与摩擦六个指标变化的基础上对产能过剩加以鉴定。周劲和付保宗（2011）则是从程度指标和效应指标两方面刻画产能过剩现象，而效应指标又被细分为经济效应、社会效应和环境效应，提出以产能利用率、工业品出厂价格、成本费用利润率、资金利税率、企业亏损面、闲置资产、失业人数、银行呆坏账和三废排放等为具体指标的产能过剩判断和评价体系，并对部分指标做了经验分析。

上述研究明确指出产能过剩现象与某些可观测指标之间的对应关系，然而并没有进行体系化的分类，水平指标与程度指标混用，没有明确指标的时间性质，只能做出静态的评估，不能捕捉产能均衡的动态变化，因而在实际操作层面尚有较大的拓展空间。

综合产能均衡的定义和产能失衡的直观表现，本书选取代表实际产出、投入、价格水平、技术水平和供求关系五个方面的统计指标构建产能均衡动态监测指标体系。其具体分为要素层、成分层和指标名称，并对其数据频率和计算方法加以说明（见表3-1）。

---

① 这里需要注意的是，产能过剩问题的研究对象是"工业部门"。服务业和农业的能力配置及其与产量或需求关系通常不适用产能过剩等概念。此外，宏观总量分析时，总供给大于总需求也不称作"总产能过剩"，而称为"总需求不足"。在宏观总量大体均衡的前提下，产能过剩部门与产能不足行业可能同时存在，因而产能过剩本质上是部门性问题和微观性问题，而不是总量性问题和宏观性问题。

表 3-1 产能均衡动态监测指标体系

要素层	成分层	指标名称	数据频率	数据来源与计算方法
产出	增加值	工业增加值增长率	年度，月度	公布数据
	收入	工业企业主营业务收入增长率	年度，月度	公布数据
	利润	工业企业利润总额增长率	年度，月度	公布数据
		企业亏损单位数期末同比增速	年度，月度	公布数据
		亏损企业比重期末同比增减量	年度，月度	$\dfrac{n_{\text{loss}}(i)_t}{n(i)_t} - \dfrac{n_{\text{loss}}(i)_{t-1}}{n(i)_{t-1}}$
		工业亏损企业亏损总额增长率	年度，月度	公布数据
	出口	工业企业出口交货值增长率	年度，月度	公布数据
	库存	产成品存货累计同比增速	年度，月度	公布数据
	应收账款	工业企业应收账款净额增长率	年度，月度	公布数据
投入	成本	工业企业主营业务成本增长率	年度，月度	公布数据
	资本	固定资本形成比重增减量	年度	公布数据
		固定资产投资完成额增长率	年度，月度	公布数据
		新增固定资产增长率	年度	公布数据
	劳动力	就业人数增长率	年度	公布数据
	原材料	中间投入增长率	年度，月度	总产出增长率-增加值增长率+应交增值税增长率
	能源	能源消费总量增长率	年度	公布数据
价格水平	产出价格水平	工业生产者出厂价格指数（PPI）	年度，月度	公布数据
	投入价格水平	燃料、动力类工业生产者购进价格指数	年度，月度	公布数据
		七个大类的原材料购进价格指数	年度，月度	公布数据
		城镇单位就业人员平均工资	年度	公布数据
技术水平	效率变化	资本边际产出（MPK）	年度	$\text{MPK} = \Delta Y / \Delta K$
供求关系	销售环节	产销率	年度，月度	公布数据
	生产环节	主要产品产能利用率	年度，月度	公布数据

注：①公布数据来源于国家统计局和中经网统计数据库；②亏损企业比重期末同比增减量根据公布数据计算，表中只给出通用公式，月度数据指标计算中下标分别为 t 和 $t-12$；③亏损企业比重期末同比增减量计算公式中 $n_{\text{loss}}(i)_t$ 指第 t 期行业 i 的亏损企业数量，$n(i)_t$ 指第 t 期行业 i 的企业数量；④资本边际产出公式中资本存量数据在陈诗一（2011）研究的基础上推算得到。

二、指标解释

为了更好地反映产能均衡的动态变化，我们选取的具体指标中除了反映供求关系的产销率和主要产品产能利用率之外的其余指标皆为增长率指标，效率变化严格意义上说不是增长率，但由于具体指标采用资本边际产出，是两个增量之比，适用于反映动态变化。我们接下来将按照要素层顺序对各指标进行详细解读。

（一）产出

产出指标统计口径众多，增加值、收入、利润都是不同口径的产出成果代表变量，出口交货值、产成品存货和应收账款是另一种意义上的产出成果，出口与对外贸易状况相联系，产成品存货从微观上而言与企业的柔性管理相联系，从宏观上说是重要的经济周期代表变量，应收账款则与金融风险相关联。在这一部分，我们不仅考虑了利润总额增长率，还考虑了三个负向成果指标，用以考察负向成果发生的规模和深度，分别是企业亏损单位数期末同比增速、亏损企业比重期末同比增减量和工业亏损企业亏损总额增长率。

（二）投入

投入从两方面考虑：一方面是成本口径；另一方面是资本、劳动力、原材料和能源分项投入。从成本口径考虑，我们选取工业企业主营业务成本增长率。

由于 $\bar{K}_i$ 短期内不发生变化，本书只考虑 $\dot{K}_{it}$。叶樊妮（2009）认为，资本服务是对生产过程中资本投入的度量。当要考虑某一资产对生产过程的贡献时，资产所提供的相应的资本服务流才是资本投入最好的衡量，资本存量作为资产本身的价值，只是资本服务的载体。本书采用固定资本形成比重增减量、固定资产投资完成额增长率和新增固定资产增长率作为资本投入的代表变量。

从业人员人数反映了一定时期内全部劳动力资源的利用情况，本书采用工业就业人数增长率反映劳动力投入。

关于原材料投入的计算，本书参照韩国高（2012）的间接计算方法。《中国统计年鉴》主要统计指标解释，工业增加值＝工业总产出－工业中间投入＋应交增值税，工业中间投入＝工业总产出－工业增加值＋应交增值税，工业中间投入增长率＝工业总产出增长率－工业增加值增长率＋应交增值税增长率。由于缺乏工业总产出增长率数据，年度产能均衡动态监测中工业总产出增长率用工业销售产值增长率来替代，月度产能均衡动态监测中则采用主营业务收入增长率来替代。

能源投入包括煤、石油、天然气和电力等，本书选取工业能源消费总量增长率作为各行业的能源投入。

（三）价格水平

我国现有的价格指数有居民消费价格指数、商品零售价格指数、工业生产者出厂价格指数、工业生产者购进价格指数和固定资产投资价格指数五种价格代表水平，其中同本书相关的是工业生产者出厂价格指数和工业生产者购进价格指数，工业生产者出厂价格指数用以衡量产出的价格水平，工业生产者购进价格指数原称原材料、燃料、动力购进价格指数。含燃料、动力类工业生产者购进价格指数和七个大类的原材料购进价格指数，分别用以衡量能源投入的价格水平和原材料投入的价格水平。在对工业整体的产能均衡状态进行监测分析时，投入价格水平直接采用工业生产者购进价格指数，而在对两位数大类行业的产能均衡状态进行监测分析时，投入价格水平分别采用燃料、动力类工业生产者购进价格指数和归类后的原材料购进价格指数①。

劳动力投入价格采用城镇单位就业人员平均工资。

因固定资产投资价格指数发布数据为季度数据，分解成月度数据使得数据变动规律失真。另外，由于固定资产投资价格指数与PPI变动趋势同步，相关系数为0.913 2，综合以上原因备选指标中没有纳入固定资产投资价格指数。

（四）技术水平

前述分析已经指出忽视效率变动会导致估计的产能利用率产生偏差。中国自20世纪80年代中期开始，许多加工工业已经呈现出生产能力过剩问题，不少企业也清楚地预计到几年后将会出现激烈竞争的局面。但是，仍有新企业继续进入，也有老企业继续扩大规模。事实表明，"后来居上"在这些行业中是普遍现象，全行业已经形成"买方市场"，有相当比例的企业出现亏损，新形成的生产能力仍取得了可观收益。究其原因，这种局面的产生与我国企业之间显著的效率水平差距存在密切关系，一些新进入的企业或继续扩大规模的企业

---

① 黑色金属材料类工业生产者购进价格指数：黑色金属冶炼及压延加工业。有色金属材料类工业生产者购进价格指数：有色金属冶炼及压延加工业。化工原料类工业生产者购进价格指数：石油化工、炼焦及核燃料加工业、化学原料及化学制品制造业、医药制造业、化学纤维制造业、橡胶和塑料制品业。木材及纸浆类工业生产者购进价格指数：木材加工及木、竹、藤、棕、草制品业、家具制造业、造纸及纸制品业、印刷业和记录媒介的复制业、文教、体育用品制造业。建材类工业生产者购进价格指数：采矿业、非金属矿物制品业、金属制品业、通用设备制造业、专用设备制造业、交通运输设备制造业、电气机械及器材制造业、通信设备、计算机及其他电子设备制造业、仪器、仪表及文化、办公用机械制造业。农副产品类工业生产者购进价格指数：农副食品加工业、食品制造业、饮料制造业、烟草制造业。纺织原料类工业生产者购进价格指数：纺织业、纺织服装、鞋、帽制造业、皮革、皮毛、羽毛及其制品业。

因有着更高的生产效率而具有明显的竞争优势，最终能够在竞争中获胜。可能行业整体的产能利用程度变动不大，但行业整体生产效率得以提升，效率低下的亏损企业及时退出市场，这些行业不存在产能过剩风险。

我们可以从实际生产率角度来反映效率变化，具体可以考虑劳动生产率、资本边际产出（MPK）、技术效率（TE）、最优投入产出比等。国内文献研究中对于资本边际产出的研究大多采用资本产出比（资本存量与产出之比）和增量资本产出率（单位产出增长所需要的投资量，incremental capital - output ratio，ICOR）来反映投资效率。樊潇彦和袁志刚（2006）认为，使用资本产出比和ICOR来测度一个国家的宏观投资效率是错的，不能用来判断投资效率的变化趋势，也不能用来判断是否存在"过度投资"。才国伟等（2009）使用一种新的测算方法来计算资本边际产出（MPK），并用其来反映一个地区的资本使用效率。资本边际产出（MPK）度量了资本投入增量所带来的产出增量。至于最优投入产出比和技术效率指标需要估算，避免指标估算带来的误差和由此引起的额外波动，因而本书只将资本边际产出纳入产能均衡动态监测指标体系备选。

（五）供求关系

本书选用产销率和主要产品的产能利用率来衡量微观层面的供求关系以监测产能均衡情况。按照国家统计局的指标解释，产销率是工业销售产值与工业总产值之比，用来反映工业产品已实现销售的程度，是分析工业产销衔接情况、研究工业产品满足社会需求的指标。产品的产能利用率是实际产量与理论产量之比，但在实际计算中，部分学者为了管理和改善的需要会将设备返修、物料损失等各种产能利用率不足的因素纳入公式中，本书则直接采用公布数据。需要引起注意的是，主要产品的产能利用率指标只在大类行业产能均衡动态监测指数编制过程中使用，工业整体的产能均衡监测由于涉及产品数目过多，数据汇总会造成信息损失，因而不考虑该指标。

三、数据处理方法与说明

（一）样本期的选择

在选择样本期时，我们首先考虑数据的可得性，本书所涉及的绝大部分指标数据均来自国家统计局数据库和中经网统计数据库①。国家统计局发布的年

---

① 固定资本形成比重数据来自世界银行数据库，而代表宏观经济不确定性的 Baker 等编制的 EPU 指数来自 http://www.policyuncertainty.com/。

度数据时间跨度较长，而月度数据时间跨度较短，细分行业数据时间跨度更短。其次需要考虑的是数据序列至少应该包括 2~3 个完整的循环，这样才能识别和分析周期之外的其他影响产能均衡变动的因素。因而对于年度数据，本书的样本期覆盖 1991—2016 年，而工业整体和大类行业月度数据样本期覆盖 2001 年 1 月到 2017 年 9 月①。由于产业分类标准的调整，交通设备制造业覆盖 2007 年 1 月到 2017 年 9 月，汽车制造业以及铁路、船舶、航空航天和其他运输设备制造业数据只覆盖 2014 年 1 月到 2017 年 9 月。

（二）大类行业编码说明

根据国民经济行业分类与代码（GB/T 4754—2017）中的行业分类，采矿业、制造业和电力、热力、燃气及水生产和供应业行业代码编码方式采用门类加大类两位数字的编码方式，如纺织业门类属于制造业，门类代码为"C"，两位数字大类代码为"17"，则本书纺织业行业代码为"C17"。涉及的其他行业 A 代表农、林、牧、渔业，E 代表建筑业，F 代表批发和零售业，G 代表交通运输、仓储和邮政业，H 代表住宿和餐饮业，I 代表信息传输、软件和信息技术服务业，J 代表金融业，K 代表房地产业，L 代表租赁和商务服务业，M 代表科学研究和技术服务业，N 代表水利、环境和公共设施管理业，O 代表居民服务、修理和其他服务业，P 代表教育，Q 代表卫生和社会工作，R 代表文化、体育和娱乐业，S 代表公共管理、社会保障和社会组织，T 代表国际组织。

（三）对于 1 月份缺失数据的处理和说明

为了消除春节假期不固定因素带来的影响，增强数据的可比性，按照统计制度，从 2012 年起，不单独对 1 月份统计数据进行调查，1—2 月的数据一起调查并同时发布。即 2012 年以来，2 月份不再发布 1 月份规模以上工业生产、固定资产投资、民间固定资产投资、房地产投资和销售、社会消费品零售总额、工业经济效益等数据。中经网统计数据库和国家统计局数据库规模以上工业企业主要经济指标部分年份 1 月份数据缺失。在 1 月份数据缺失的情况下，我们难以得到连续的时间序列数据，不仅给图形展示带来麻烦，也给指数编制造成困扰（Stock-Watson 指数编制方法不容许数据缺失）。

为保持时间序列数据的连续性，我们对于不同数据采取不同的填补方法：①对于能够采集到 2 月份单月值的指标，以某年 1—2 月累计值减去当年 2 月的单月值，得到 1 月的单月值（也是 1 月的累计值），再计算累计同比增长速度；②对于无法采集到 2 月份单月值的指标，则假定 1 月份和 2 月份的累计同

---

① 大类行业样本期较工业整体短，为 2002 年 1 月到 2017 年 9 月。

比增长速度相同（本身1—2月份工业数据一起调查且同时发布，从数据的来源以及表现来说，这个假定也是合理的）。

（四）对于2007—2010年部分数据缺失的处理和说明

中经网统计数据库和国家统计局数据库的规模以上企业主要经济指标在2007—2010年仅发布2月、5月、8月和11月数据，其余年份为月度数据，为保证数据在研究期间的时间频率一致性，我们需要对该部分数据进行插值处理。也就是说，我们需要将2007—2010年低频数据通过插值方法转换为高频数据，虽然这种做法可能会对低频数据信息造成一定程度的破坏，但在整个样本期间所占比例不大，所造成的破坏较小，并且保留数据发布月份的真实数据，只对数据缺失月份进行插值处理，将对真实数据信息的破坏程度降到最低。本书以利润总额和产成品存货指标为例说明2007—2010年缺失数据的处理方法和过程。

中经网统计数据库提供的利润数据是累计额（单位：亿元）。从图3—1来看，规模以上工业企业利润总额累计同比增速每年的曲线轨迹有着很大的差别，有的年份该指标呈下降趋势，如2000年、2003年和2010年；而有的年份则呈上升趋势，如2002年和2006年；其余年份则基本在水平线附近波动。若直接根据规模以上工业企业利润总额累计同比增速指标数据进行插值，必然存在极大的处理误差。我们反观每年的规模以上工业企业利润总额累计值可知，较为接近线性趋势，每年变化相似，只是在时间轴上越靠后的年份，其累计利润总额的直线越陡峭，这是由于随着经济发展，企业规模增大和利润规模增大所造成的。

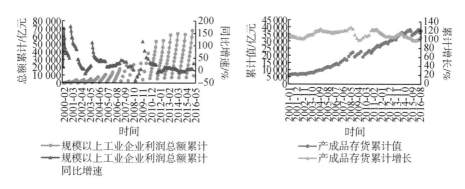

图3—1　缺失数据处理说明（以利润总额和产成品存货为例）

产成品存货累计同比增速具有同样特点。因此，本书分别采用线性函数、幂函数、对数函数、指数函数和二次多项式方法对规模以上工业企业利润总额累计值序列进行逼近，其中二次多项式插值方法的拟合程度最优，对 2007 年 2 月至 2010 年 12 月的数据进行二次多项式插值处理。

表 3-2 给出了以规模以上工业企业利润总额累计值序列为例的二次多项式插值法系数及判定系数结果。

表 3-2　二次多项式插值法系数及判定系数结果

年份	截距	一次项系数	二次项系数	R^2
2007	-746.1	1 776.2	34.272	1
2008	-2 553.8	3 067.7	-57.794	0.998 6
2009	-1 418.3	1 621.5	78.718	0.999 8
2010	-1 123.6	2 921.4	63.712	0.999 6

我们一般用均方误差（MSE）或者均方根误差（RMSE）来评价数据拟合的精确程度，即

$$\text{MSE} = \frac{1}{T} \sum_{t=1}^{T} (y_t - \hat{y}_t)^2 = \frac{1}{N}\text{RSS} = \frac{1}{N}(1 - R^2)\text{TSS} = (1 - R^2)\sigma^2$$

$$(3-17)$$

$$\text{RMSE} = \sqrt{\text{MSE}} \qquad (3-18)$$

以规模以上工业企业利润总额累计值为例，RMSE 与数据序列均值之比只有不到 1%，可见二次多项式逼近填补缺失数据的方法精确程度较高。因此，工业整体及所有大类行业 2007—2010 年存在缺失数据的指标均采用二次多项式方法进行填补。

（五）对于固定资产投资完成额数据的处理和说明

国家统计局于 1998 年 2 月到 2003 年 12 月发布的固定资产投资完成额数据含有工业固定资产投资累计完成额及其增长速度；而在 2003 年 12 月之后给出的细分数据不再按照工业口径汇总，对于 2003 年 12 月之后的数据本书将采矿业，制造业，电力、燃气及水的生产和供应业固定资产投资额累计值进行加总，然后计算得到工业固定资产投资完成额累计同比增速。

（六）工业企业规模起点标准调整的处理和说明

从 2011 年起，规模以上工业企业起点标准由原来的年主营业务收入 500 万元提高到年主营业务收入 2 000 万元。从图 3-2 可以看到规模以上工业企业起点标准只影响 2011 年的数据，造成"深井"式下滑，为了避免该调整对产能均衡动态监测指数的影响，本书采取水平提升的办法。2010 年 12 月规模以上工业企业单位数期末值为 456 178 个（2010 年只发布 2 月、5 月、8 月、11 月

数据，12月为多项式拟合估计值），2011年2月规模以上工业企业单位数实际发布数据为305 790个，相差150 388个，假定从2010年12月末到2011年2月末规模以上工业企业单位数没有发生变动，因而将2011年各月数值均增加150 388个，进而计算企业数量同比增长速度，调整后的数据趋势如图3-3所示。

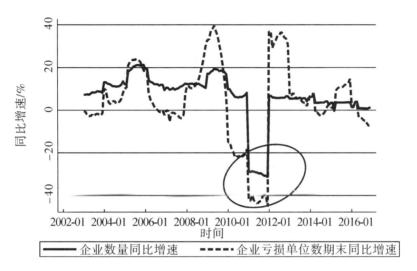

图 3-2　规模以上工业企业标准调整的影响

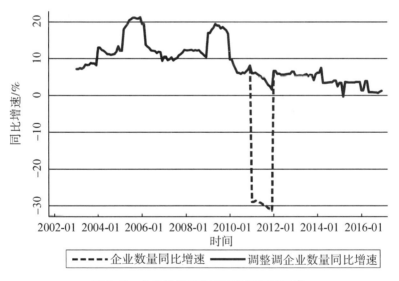

图 3-3　企业数量同比增速数据调整示意

企业亏损单位数指标按照同样方法进行调整，两位数代码大类行业企业数量以及企业亏损单位数指标的调整方法同工业企业数量的调整方法一致。而其他指标虽然受到规模起点标准调整的一定影响，但是并不像企业数量和企业亏损单位数一样受到规模调整的直接影响，并且由于难以剥离其他因素的影响，本书对其他统计指标均不做调整。

（七）逆指标的正向化

企业亏损单位数期末同比增速、亏损企业比重期末同比增量等成分指标属于负向成果，利润总额累计同比增速等成分指标属于正向成果，本书将对负向成果指标进行正向化，从而使得测算得到的产能均衡动态监测指数符合一般的认知习惯。人们往往喜欢曲线的上升多于曲线的下降，产能均衡动态监测指数曲线下降意味着产能过剩风险的增大，而产能均衡动态监测指数小于 0 则意味着产能过剩（负向成果）的发生。

对于逆指标的正向化，在实际应用中许多学者常使用指标取倒数的方法。

图 3-4 和图 3-5 分别代表增长类指标及正向化、指数类指标及正向化。正向化的方法是对数据序列取倒数，图形显示正向化之后的序列与原系列方向相反，且没有改变原序列的波动趋势。

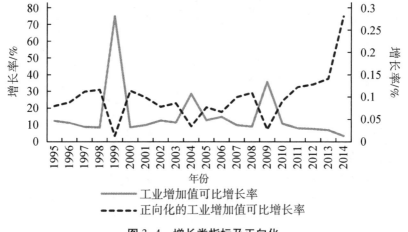

图 3-4　增长类指标及正向化

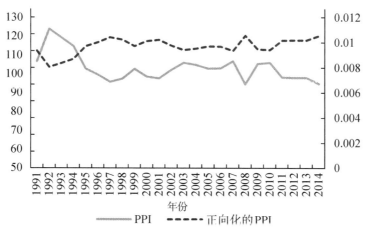

图 3-5　指数类指标及正向化

然而，在对结构或比重指标的增减量采用取倒数的方法正向化后，正向化结果改变了原序列的波动趋势（见图 3-6 的短横线所示），采用取相反数的方法则不会改变原序列的波动趋势（见图 3-6 的点线所示）。因此，本书对增长类指标和指数类指标采用取倒数的正向化方法，而对增减量指标采用取相反数的正向化方法。

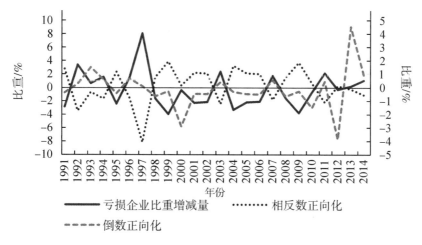

图 3-6　增减量指标及正向化

四、基准变量的选择

表 3-1 给出了理论上可行的产能均衡动态监测指标体系，提取多个指标

的共同成分编制产能均衡动态监测指数，使其作为产能均衡动态监测对象还需要对产能均衡动态监测指标体系的构成指标进行筛选，选出符合研究目的和要求的目标变量。基准变量的选择是目标变量筛选的关键环节。

伯恩斯等（Burns et al., 1946）指出，一个循环包括许多经济活动中同时发生的扩张，然后是同样普遍的衰退、收缩和复苏。产能过剩发生时，行业经营状况处于下滑状态，这种经营状况的下滑不是个体企业存在的偶然现象，是多个企业甚至是整个行业存在的共同特征，如收入增速下滑、投入减少、利润减少、行业中亏损企业比重增加、亏损企业亏损额增加、出口交货值增速下滑、存货增加、应收账款增速上升等。

但是，经济指标的上升或下滑存在一定时滞，某些指标反应灵敏、变化迅速，某些指标则变化缓慢、时滞较长。如果产能均衡动态监测指标体系中的成分指标时间性质不同，领先指标和同步指标之间存在时间差，提取的共同成分就会失真，所以我们必须明确两个问题：一是构成指标的时间一致性，也就是同步性；二是基准变量的选择，也就是以哪个指标作为时间同步的判断标准。时间一致性问题将通过时差相关分析方法分析各构成指标领先、同步和滞后性质，从中筛选出同步指标。现在需要确定的则是以哪个指标为基准变量来确定指标的同步特征，用以建构我国工业产能均衡动态监测的代表变量。

基准变量首先要具有概念内涵一致性，从这个角度出发，不同统计口径的产出指标、各种投入指标和价格水平指标均符合要求。其次必须是能够反映经济总量特征的全局性指标，那么出口交货值增长率、产成品存货增长率、应收账款增长率以及分项投入指标将被排除在外。再次是与宏观经济运行的同步性。我们之所以选择与宏观经济运行同步的指标作为基准，一是因为宏观经济运行对工业产能均衡变动具有重要影响，尽管能够描述工业产能均衡变动的统计指标都有自己独特的运行轨迹，但是大的变动基本同宏观经济运行保持一致；二是可以更好地识别周期性产能失衡风险波动之外的其他产能失衡风险变动；三是可以更好地识别工业各个细分行业产能失衡风险波动的特殊规律，以进一步了解行业产能失衡风险独特波动的成因和机理，为准确预警产能失衡提供合理依据。最后，作为基准变量的指标数据具有完整性，不存在缺失。

综上所述，本书选择工业生产者出厂价格指数（PPI）作为检验产能均衡动态监测构成指标同步特征的基准变量。PPI是反映工业发展状况和国民经济运行状况的重要指标，也是衡量通货膨胀的标准之一，其有助于向决策者和投资者提供关于早期生产链上商品和服务价格的信息，是反映工业层面价格压力的有力证据；有助于企业规划资本投资和长期战略，政府决策机构跟踪整体经济趋势。PPI 指标具有概念内涵一致性，是重要的全局性指标，数据来源可靠，可得数据周期长、频率高，不存在数据缺失，具有良好的数据性质。

五、目标变量筛选方法和结果

目标变量筛选是通过引入领先、同步和滞后关系概念，以 PPI 为基准变量，从符合产能均衡变动核心内涵的指标体系中剔除具有领先和滞后关系的指标，保留具有同步关系的指标，然后对保留下来的指标剔除冗余变量之后形成最终的目标变量。

（一）时差相关分析法[①]

时差相关分析法是利用相关系数检验经济时间序列领先、同步和滞后关系的一种常用方法。本书以 PPI 序列作为基准使备选指标在时间上相对于基准指标前后移动若干个月，计算基准指标与这些移动后序列的相关系数，从而根据时差相关系数的大小，选出先于基准指标活动的领先指标、与基准指标活动大体一致的同步指标和较迟变动的滞后指标。领先指标将进入工业整体和大类行业产能失衡风险预警指标体系的备选构成指标，而同步指标将作为本章目标变量的备选构成指标。

假设基准指标为 x，备选指标为 y，则在各期延迟时的交叉相关系数为 $r_{xy}(\tau)$，即

$$r_{xy}(\tau) = \frac{c_{xy}(\tau)}{\sqrt{c_{xx}(0)} \times \sqrt{c_{yy}(0)}}, \quad \tau = 0, \ \pm 1, \ \pm 2, \ \cdots$$

$$c_{xy}(\tau) = \begin{cases} \sum_{t=1}^{T-\tau} (x_t - \bar{x})(y_{t+\tau} - \bar{y})/T, & \tau = 0, 1, 2, \cdots \\ \sum_{t=1}^{T+\tau} (y_t - \bar{y})(x_{t-\tau} - \bar{x})/T, & \tau = 0, -1, -2, \cdots \end{cases} \quad (3-19)$$

其中，τ 是最大延迟数。根据 OECD 在 CLI 系统中使用的指标选择类型的分类标准，τ 为 ±2 时，波动相比基准指标平均先行或滞后 2 个月，认为是同步指标；超前期在 3~8 个月为短期领先（-3~-8），而超前期超过 8 个月为长领先

---

① 还有一种验证经济时间序列领先、同步和滞后关系的常用方法就是 K-L 信息量法（the kullback leibler divergence），即著名的相对熵（relative entropy），由库尔贝克（Kullback）与莱布勒（Leibler）提出，用以判定两个概率分布的接近程度。其基本原理是以基准序列为理论分布，备选指标为样本分布，不断变化备选指标与基准序列的时差，计算 K-L 信息量。K-L 信息量最小时对应的时差数确定为备选指标的最终时差。但由于本书所用数据值有正有负，并不符合 K-L 信息量法的理论定义，这里只使用了时差相关分析方法。

（-8），滞后期超过 3 个月（+3）为滞后指标。对于我国的工业产能均衡监测，本书采用时差相关分析方法对构成指标的领先、同步和滞后关系进行分析，得到的结果如表 3-3 和表 3-4 所示。

表 3-3　工业产能均衡动态监测备选指标（月度）

指标性质	指标名称	延迟月数	时差相关系数
领先指标	固定资产投资完成额累计同比增速	-3	0.417
同步指标	工业产品产销率同比增减量	-2	0.341
	出口交货值累计同比增速	-1	0.771 6
	亏损企业比重期末同比增减量	-1	0.547 9
	燃料、动力类工业生产者购进价格指数	0	0.925 2
	中间投入增长率	0	0.914 9
	工业生产者出厂价格指数（PPI）	0	1
	主营业务收入累计同比增速	0	0.808 1
	主营业务成本累计同比增速	0	0.830 3
	应收账款累计同比增速	0	0.618 3
	工业增加值累计同比增速	1	0.614 8
	利润总额累计同比增速	1	0.623 4
滞后指标	产成品存货期末同比增速	4	0.730 4
	企业数量累计同比增速	8	0.469 5
	企业亏损单位数期末同比增速	12	0.392 2
	亏损企业亏损总额累计同比增速	12	0.473 1

注：①表中的结果是利用 2001 年 1 月至 2017 年 9 月的数据计算的，其中的出口交货值数据区间为 2003 年 1 月至 2017 年 9 月；②基准指标为 PPI；③时差相关系数最大延迟数为 12。

表 3-4　工业产能均衡动态监测备选指标（年度）

指标性质	指标名称	延迟期数	时差相关系数
领先指标	固定资本形成比重增减量	-7	0.604 3
	固定资产完成额增长率	-4	0.213 5
	工业新增固定资产增长率	-3	0.283 3
	产销率	-2	0.716 1
	亏损企业比重增减量	-2	0.616
	工业中间投入增长率	-1	0.450 8

表3-4（续）

指标性质	指标名称	延迟期数	时差相关系数
同步指标	工业生产者出厂价格指数（PPI）	0	1
	工业企业利润总额增长率	0	0.681
	工业企业出口交货值增长率	0	0.329 5
	工业企业主营业务收入增长率	0	0.292 2
	工业亏损企业亏损总额增长率	0	0.283 5
	工业企业主营业务成本增长率	0	0.262 7
	工业增加值实际增长率	0	0.235 4
	燃料、动力类工业生产者购进价格指数	0	0.439 7
	技术水平变动	0	0.659 8
	工业企业应收账款净额增长率	0	0.506 2
	工业能源消费总量增长率	0	0.401 5
滞后指标	工业企业存货增长率	1	0.440 6
	城镇单位就业人员平均工资变动	1	0.286 5
	工业就业人数增长率	2	0.203 5

注：①表中的结果是利用1991—2016年的数据计算的，其中的出口交货值增长率数据区间为1998—2016年；②基准指标为PPI；③时差相关系数的最大延迟数为12；④年度数据同步指标的选择标准是 τ 为0。

对于我国工业产能均衡动态监测月度模型，工业产品产销率同比增减量、出口交货值累计同比增速工业增加值累计同比增速等11个指标在时间上具有同步关系，构成我国工业产能均衡动态监测的目标变量备选指标。

工业企业利润总额增长率等11个描述产能均衡情况的同步指标作为目标变量备选来构建我国工业产能均衡动态监测年度指数。

（二）月度备选监测指标的进一步筛选

如果信息过度重叠，相互重叠的那部分指标信息在指数编制时会被过度夸大，从而导致动态监测结果的合理性无法得到保证。

从表3-5可以看到部分备选指标具有高度的相关性，为避免信息冗余对产能均衡动态监测结果造成影响，本书参照陈洪海（2016）的做法对上述指标做进一步筛选。

首先，计算指标的信息可替代性 $R_c(i)$，即

$$R_C(i) = \frac{1}{p-1} \sum_{x_j \in D_{i,(p-1)}} r_{ij}^2 \tag{3-20}$$

其中，r_{ij} 指 Pearson 的相关系数。

其次，计算 P 个指标的平均信息可替代性 $\bar{R}$，即

$$\bar{R} = \frac{1}{p} \sum_{i=1}^{p} R_C(i) = \frac{1}{p} \frac{1}{p-1} \sum_{x_j \in D_{i,(p-1)}} \sum r_{ij}^2 \qquad (3-21)$$

最后，将可替代性大的指标剔除。那么何为可替代性大，陈洪海（2016）认为，若 $R_C(i) > \bar{R}$，则剔除指标。本书认为与均值相比容易受到极端值影响，且条件相对严苛，因而剔除信息可替代性 $R_C(i)$ 大于 75% 分位数的指标（本例为 0.617 2）。依据此规则剔除主营业务收入累计同比增速（Cy1）、主营业务成本累计同比增速（Cy6）和中间投入增长率（Cy11）三个指标。具体来讲，月度备选监测指标的 Pearson 相关系数和信息可替代性见表 3-5。

表 3-5　月度备选监测指标的 Pearson 相关系数和信息可替代性

指标	Cy1	Cy2	Cy3	Cy4	Cy5	Cy6	Cy7	Cy8	Cy9	Cy10	Cy11	$R_C(i)$
Cy1	1	—	—	—	—	—	—	—	—	—	—	0.629
Cy2	-0.394	1	—	—	—	—	—	—	—	—	—	0.145
Cy3	0.788	-0.626	1	—	—	—	—	—	—	—	—	0.404
Cy4	0.889	-0.366	0.587	1	—	—	—	—	—	—	—	0.564
Cy5	0.896	-0.383	0.741	0.765	1	—	—	—	—	—	—	0.518
Cy6	0.976	-0.407	0.738	0.934	0.876	1	—	—	—	—	—	0.640
Cy7	0.011	0.052	-0.224	0.166	0.095	0.057	1	—	—	—	—	0.035
Cy8	0.670	-0.315	0.374	0.717	0.636	0.725	0.479	1	—	—	—	0.363
Cy9	0.901	-0.371	0.702	0.836	0.828	0.920	-0.052	0.545	1	—	—	0.536
Cy10	0.865	0.206	0.580	0.914	0.752	0.879	0.168	0.674	0.792	1	—	0.516
Cy11	0.976	0.419	0.751	0.913	0.818	0.973	0.036	0.716	0.874	0.867	1	0.617

注：阴影部分数值表示相关系数较高。Cy1 为主营业务收入累计同比增速；Cy2 为亏损企业比重期末同比增量；Cy3 为利润总额累计同比增速；Cy4 为工业生产者出厂价格指数；Cy5 为工业增加值累计同比增速；Cy6 为主营业务成本累计同比增速；Cy7 为工业产品产销率同比增减量；Cy8 为应收账款累计同比增速；Cy9 为出口交货值累计同比增速；Cy10 为燃料、动力类工业生产者购进价格指数；Cy11 为中间投入增长率。

工业产能过剩风险月度监测目标变量由亏损企业比重期末同比增量、利润总额累计同比增速、工业生产者出厂价格指数、工业增加值累计同比增速、工业产品产销率同比增减量、应收账款累计同比增速、出口交货值累计同比增速和燃料、动力类工业生产者购进价格指数共同构成。

（三）年度备选监测指标的进一步筛选

表 3-6 为年度备选监测指标的 Pearson 相关系数和信息可替代性。剔除信

息可替代性 $R_C(i)$ 大于75%分位数的指标（本例为0.428 6）。依据此规则，我们剔除工业主营业务收入年度增长率（Cy1）和工业主营业务成本年度增长率（Cy2）两个指标。

表3-6　年度备选监测指标的Pearson相关系数和信息可替代性

指标	Cy1	Cy2	Cy3	Cy4	Cy5	Cy6	Cy7	Cy8	Cy9	Cy10	Cy11	$R_C(i)$
Cy1	1	—	—	—	—	—	—	—	—	—	—	0.523
Cy2	0.998	1	—	—	—	—	—	—	—	—	—	0.518
Cy3	0.878	0.851	1	—	—	—	—	—	—	—	—	0.428
Cy4	0.598	0.578	0.563	1	—	—	—	—	—	—	—	0.187
Cy5	0.126	0.168	-0.292	-0.030	1	—	—	—	—	—	—	0.084
Cy6	0.875	0.884	0.783	0.412	0.047	1	—	—	—	—	—	0.396
Cy7	0.857	0.861	0.625	0.455	0.442	0.658	1	—	—	—	—	0.419
Cy8	0.536	0.505	0.672	0.333	-0.273	0.356	0.562	1	—	—	—	0.268
Cy9	0.088	0.115	0.139	-0.297	-0.448	-0.109	0.010	0.712	1	—	—	0.087
Cy10	0.816	0.819	0.764	0.407	-0.179	0.833	0.527	0.402	0.049	1	—	0.346
Cy11	0.795	0.798	0.574	0.338	0.453	0.605	0.949	0.621	0.142	0.459	1	0.380

注：阴影部分分数值表示相关系数较高。Cy1为主营业务收入年度增长率；Cy2为主营业务成本年度增长率；Cy3为利润总额年度增长率；Cy4为应收账款年度增长率；Cy5为亏损企业亏损总额年度增长率；Cy6为出口交货值年度增长率；Cy7为工业生产者出厂价格指数；Cy8为工业增加值年度增长率；Cy9为技术水平变动；Cy10为燃料、动力类工业生产者购进价格指数；Cy11为工业能源消费总量增长率。

工业产能过剩风险年度监测目标变量由亏损企业亏损总额年度增长率，利润总额年度增长率，工业生产者出厂价格指数，工业增加值年度增长率，出口交货值年度增长率，应收账款年度增长率，技术水平变动，燃料、动力类工业生产者购进价格指数和工业能源消费总量增长率共同构成，同工业产能过剩风险月度监测目标变量构成指标基本一致，不同的是月度监测指标含产销率增速，而年度指标中产销率增速由于从时间上领先于基准指标工业增加值增速而被归入领先指标备选；月度监测构成指标中是亏损企业比重期末同比增量，而年度监测指标为亏损企业亏损总额年度增长率，同样是衡量亏损情况，但稍有差别；年度监测构成指标工业能源消费总量增长率，由于工业能源消费总量增长率不发布月度数据，月度监测构成指标不包括该指标。另外，从表3-5和表3-6可以看出，亏损类指标和其他指标具有负相关性，在接下来的年度与月度工业产能均衡动态监测中，我们对两个指标采取正向化处理。

第三节　景气指数在产能均衡动态监测体系中的应用

产能均衡动态监测的主要目的是准确刻画产能均衡变动、产能过剩风险（负向成果）特征以及过剩风险增大和减小两种过程，类似于景气分析中的扩张和收缩。我们采用建立在动态因子模型上的 Stock-Watson 指数编制产能均衡动态监测月度指数，充分提取 C_{it} 中各个可观测指标的共同变化。扩散指数（diffusion index，DI）从存在共同变动的指标比例角度提取可观测指标的共同变化，用来编制月度产能均衡动态监测指数，以和 Stock-Watson 指数结果相互印证。合成指数是由可观测指标以各自的变化幅度为权数的加权综合平均数，优势在于对数据限制较少，缺点在于平均的做法平滑了随机波动，也相应平滑掉了可能有实际意义的波动。年度模型数据量小，不能满足状态空间模型估计条件，本书采用合成指数（composite indexes，CI）方法编制年度产能均衡动态监测指数，

一、扩散指数

扩散指数一般是把保持上升（下降）的指标占主导的动向看作景气波及、渗透的过程，将其综合用来把握整个景气。本书在分析目标变量的成分指标中下滑指标数所占有的比例，用以衡量某个时期负向成果指标（具有过剩风险特征的指标）所占比例，辨别共同成分的主导方向，可以同 Stock-Watson 指数相互印证。

$$\mathrm{DI}_t = \frac{下滑指标数}{成分指标数} \times 100\%,\ t = 1,\ 2,\ \cdots,\ T \qquad (3-22)$$

计算扩散指数有一个关键问题需要考虑，就是下滑是针对哪个基准时点而言的，一般有几种对比方法，如比值间隔一个月（同上月值相比）、比值间隔3个月、MCD 间隔方式（months for cyclical dominance）等。

二、合成指数

合成指数原理简单，对指标维数、数据形式等均没有特殊要求，是普适性较好的一种指数编制方法，主要是通过合成各指标变化率的方式来构建的。尽管各经济体所用合成指数方法有一定差别，但经典步骤一般有四个。

步骤一：计算指标的对称变化率并将其标准化。

由于本书所涉及的成分指标为增长速度（百分数形式）或比例增减量，有零或负值存在，直接取一阶差分即得对称变化率[1]：

$$C_{ij}(t) = Y_{ij}(t) - Y_{ij}(t-1), \quad t = 2, 3, \cdots, n \tag{3-23}$$

设第 j 指标组的第 i 个指标为 $Y_{ij}(t)$，其中 $j = 1, 2, 3$，分别代表领先指标组、同步指标组、滞后指标组，$i = 1, 2, \cdots, p_j$ 为各组成分指标序号，p_j 是第 j 指标组的成分指标个数。然后将式（3-23）得到的变化率标准化，使其平均绝对值等于 1，目的是避免过大偏差的影响。

标准化因子 A_{ij}：

$$A_{ij} = \sum_{t=2}^{n} \frac{|C_{ij}(t)|}{n-1} \tag{3-24}$$

以 A_{ij} 为标准度量 $C_{ij}(t)$ 得到标准化变化率 $S_{ij}(t)$：

$$S_{ij}(t) = \frac{C_{ij}(t)}{A_{ij}}, \quad t = 2, 3, \cdots, n \tag{3-25}$$

步骤二：计算各指标组的标准化平均变化率。

一是设 $R_j(t)$ 为平均变化率，分别求出领先指标组、同步指标组、滞后指标组的 $R_j(t)$：

$$R_j(t) = \frac{\sum_{i=1}^{k_j} S_{ij}(t) \times w_{ij}}{\sum_{i=1}^{k_j} w_{ij}} = \frac{1}{p_j} \times \sum_{i=1}^{k_j} S_{ij}(t), \quad j = 1, 2, 3; \quad t = 2, 3, \cdots, n$$

$$\tag{3-26}$$

w_{ij} 是第 j 组的第 i 个指标的权数。在年度工业产能过剩风险指数编制中，采用 $w_{ij} = 1$，即等权法[2]。

二是计算指数标准化因子 F_j：

---

[1] 一般情况下，对称变化率按下式计算：$C_{ij}(t) = 200 \times \dfrac{Y_{ij}(t) - Y_{ij}(t-1)}{Y_{ij}(t) + Y_{ij}(t-1)}$，$t = 2, 3, \cdots, n$。

[2] 在指标已经被标准化的情况下，等权法是一种典型的权重选择方法，除非依据目标变量或者有关经济发展形势的额外信息，认为某个特定变量或部门有特殊的重要意义，才会对其赋予较大的权数（Niemira et al., 1994）。

$$F_j = \left[\sum_{t=2}^{n} |R_j(t)|/(n-1) \right] / \left[\sum_{t=2}^{n} |R_2(t)|/(n-1) \right]$$

$$= \frac{\sum_{t=2}^{n} |R_j(t)|}{\sum_{t=2}^{n} |R_2(t)|}, \quad j = 1, 2, 3 \tag{3-27}$$

三是计算标准化平均变化率 $V_j(t)$：

$$V_j(t) = \frac{R_j(t)}{F_j}, \quad t = 2, 3, \cdots, n \tag{3-28}$$

我们对领先指标和滞后指标的变化率以同步指标平均变化率的波动幅度为基准进行调整，将其置于统一的结构框架下，以利于对编制的领先指数、同步指数和滞后指数进行分析和比较。

步骤三：求初始合成指数 $I_j(t)$。

令 $I_j(1) = 100$ [1][2]，则

$$I_j(t) = I_j(t-1) \times \frac{200 + V_j(t)}{200 - V_j(t)}, \quad j = 1, 2, 3; \quad t = 2, 3, \cdots, n \tag{3-29}$$

步骤四：计算合成指数。

令 $I'_j(1) = 100$，则

$$I'_j(t) = I'_j(t-1) \times \frac{200 + V'_j(t)}{200 - V'_j(t)}, \quad j = 1, 2, 3; \quad t = 2, 3, \cdots, n \tag{3-30}$$

生成以基准年份为的合成指数：

$$CI_j(t) = \left[I'_j(t) / \overline{I'_j} \right] \times 100 \tag{3-31}$$

其中，$\overline{I'_j}$ 是 $I'_j(t)$ 在基准年份的平均值。

三、Stock-Watson 指数

斯托克等（Stock et al., 1988）利用时间序列分析方法得到了一个不可观测的可以描述经济变量之间协同变化的共同成分（动态因子），这个共同成分

---

① the conference board，简称 CB，其一致合成指数名为 CCI（composite coincident index）。CCI 初始条件确定的一般公式为 $I_j(1) = [200 + V_j(1)]/[200 - V_j(1)]$，$CCI_{CB}$ 1996 年初值为100。

② 国内外文献中通常选择 $I'_j(t)$ 比较平稳的年份作为基准年份。

左右着不同领域经济变量的波动。Stock-Watson 指数方法是具有完善理论基础和严密数学模型的指数编制方法，相比传统的景气指数编制方法具有更好的逻辑严谨性。

本章第一节已经对动态因子模型做了说明，动态因子模型是本书的理论模型，也是 Stock-Watson 指数编制方法的基础，下面说明其计算方法。

本书使用卡尔曼（Kalman）滤波方法来估计式（3-12）至式（3-14）的状态空间模型参数，其具体计算方法可分为四个部分。

首先，用卡尔曼（Kalman）滤波估计状态空间模型的参数分布。

令 $a_t\mid_r$ 为基于 $(f_1, \cdots, f_r)$ 的 a_t 的估计量，$P_t\mid_r = E[(a_t\mid_r - a_t)(a_t\mid_r - a_t)']$，$E(\xi_t\xi_t') = \Sigma$。

在给定参数 X，Z，Σ 和延迟阶数 p，q，r 之下利用 Kalman 滤波反复计算 $a_t = (t = 1, 2, \cdots, T)$ 的分布，$t-1$ 期的 a_{t-1} 假定服从 $N(a_{t-1}, \sigma^2 P_{t-1})$。此时，$a_t$ 的分布按下式计算：

$$a_t\mid_{t-1} = Xa_{t-1} \tag{3-32}$$

$$P_t\mid_{t-1} = XP_{t-1}X' + \Sigma \tag{3-33}$$

$$a_t\mid_t = a_t\mid_{t-1} + P_t\mid_{t-1}Z'G_t^{-1}(F_t - Za_t\mid_{t-1}) \tag{3-34}$$

$$P_t\mid_t = P_t\mid_{t-1} - P_t\mid_{t-1}Z'G_t^{-1}ZP_t\mid_{t-1} \tag{3-35}$$

其中，$G_t = E\{(F_t - Za_t\mid_{t-1})[(F_t - Za_t\mid_{t-1})']\} = ZP_t\mid_{t-1}Z' \tag{3-36}$

当初始值 a_0 和 P_0 给定时，由式（3-32）至式（3-36）可以计算出 $a_t = (t = 1, 2, \cdots, T)$ 的分布为 $N(a_t, \sigma^2 P_t)$。

其次，考虑初始值 a_0 和 P_0 的计算方法。

在假定 F_t 为平稳序列下，$E(F_t)$ 和 $D(F_t)$ 不依赖于 t，从而 $E(a_t) = a_0$ 和 $D(a_t) = \sigma^2 P_0$ 不依赖于 t，由式（3-13）得到

$$a_0 = Xa_0 + E(\xi_t)$$

从而，

$$a_0 = (I - X)^{-1}E(\xi_t) = 0 \tag{3-37}$$

再由式（3-13）得 $\sigma^2 P_0 = \sigma^2 XP_0X' + \sigma^2\Sigma$，从而得到 $P_0 - XP_0X' = \Sigma$。利用矩阵拉直运算，得 $\mathrm{Vec}(P_0) - X \otimes X'\mathrm{Vec}(P_0) = \mathrm{Vec}\Sigma$。

从而，

$$\mathrm{Vec}(P_0) = (I - X \otimes X')^{-1}\mathrm{Vec}\Sigma \tag{3-38}$$

再次，对超参数进行估计。

以上的计算是在给定参数值之下进行计算的。假定已给定 p，q，r，这些

参数值可以按极大似然法求得。在 $t-1$ 时，F_t 的预测值为 $F_t\mid_{t-1} = Za_t\mid_{t-1}$，预测误差为

$$v_t = F_t - Za_t\mid_{t-1} \quad t = 1, 2, \cdots, T \tag{3-39}$$

另外，由于 $a_t \sim N(a_t\mid_{t-1}, p_t\mid_{t-1})$，从而 $F_t \sim N(Za_t\mid_{t-1}, G_t)$，$G_t = ZP_t\mid_{t-1}Z'$，于是 F_t 的对数似然函数可用 $t-1$ 期信息所得到的条件概率表示为

$$\log = 1/2Tn\log(2\pi) + \sum_{t=1}^{T}\log|G_t| + \sum_{t=1}^{T}v'_t G_t^{-1} v_t \tag{3-40}$$

令所求的参数向量为 ψ，则

$$\psi = (h_1\cdots h_n \gamma_{11}\gamma_{21}\cdots\gamma_{n1}\gamma_{12}\cdots\gamma_{nq}\Phi_1\cdots\Phi_p\theta_{11}\theta_{21}\cdots\theta_{n1}\cdots\theta_{nr})$$

它是 $n(1+q+r)+p$ 维向量。当 γ 和 θ 的延迟次数改变时，ψ 的维数也随之变化。

使得式（3-40）最大化的 ψ 就是我们所要求的参数的估计值。此时 ψ 必须是定义 ψ 的参数空间的内点。实际上，ψ 的参数空间是由扰动项的方差的非负性（$h_i > 0$，$i = 1, 2, \cdots, n$），C 的平稳性〔$\Phi(L)$ 的全部根在单位圆的外侧〕，$u_i(i = 1, 2, \cdots, n)$ 的平稳性〔$\Theta(L)$ 的全部根在单位圆外侧〕所构成的。因此，ψ 的估计问题归结为在满足上述参数空间的内点解的约束条件下求使对数似然函数式（3-40）最大化问题的解 ψ^*，ψ^* 就是 ψ 的估计值。ψ^* 计算出来后，卡尔曼（Kalman）滤波法递推公式中参数 X，Z，Σ 便给定了，从而利用卡尔曼（Kalman）滤波法可推断出 Stock-Watson 指数。

最后，延迟次数 p，q，r 的确定问题。

我们对于各种组合 p，q，r 在约束条件下求得使对数似然函数极大化的 $\psi^*(p, q, r)$ 及此时的对数似然函数值 $\log L[\psi^*(p, q, r)]$，然后以 $\log L[\psi^*(p, q, r)]$ 为准则进行评价以决定 p，q，r 的次数。这些准则包括似然比检验、AIC 和 BIC。三种准则各有特点，得到的结论有一定的差异。

一是似然比准则。这是准则中最古典的一个，对同样的 q，r 比较 Φ 的次数为 $p-1$ 的模型和 Φ 的次数为 p 的模型。考虑假设 H_0：$\Phi_p = 0$ 时的似然比统计量为 $LR = 2\log L[\psi^*(p, q, r)] - \log L[\psi^*(p-1, q, r)]$，它在 H_0 下服从自由度为受限制参数的数目（现在是1）的 χ^2 分布。

二是 AIC 准则。假设构成 ψ 的要素的数目为 N，我们则按照统计量 $AIC = -2\log L[\psi^*(p, q, r)] + 2N$ 最小化的准则选择 p，q，r。

三是 BIC 准则。按照使统计量 $BIC = -2\log L[\psi^*(p, q, r)] + N\log(nT)$ 最小化的准则选择 p，q，r。

第四节　产能均衡动态监测指数实证

编制得到的产能均衡动态监测指数，简称为监测指数（记为 CRI），分为产能均衡动态监测年度指数和产能均衡动态监测月度指数，由于数据长度所限，年度指数使用合成指数方法编制，而月度指数分别采用扩散指数和 Stock-Watson 指数方法编制。

一、产能均衡动态监测年度指数分析

产能均衡动态监测年度指数采用合成指数方法编制，构成指标包括工业利润总额年度增长率、工业应收账款年度增长率、工业亏损企业亏损总额年度增长率、工业出口交货值年度增长率、工业生产者出厂价格指数、工业增加值年度增长率、技术水平变动、工业能源消费总量增长率和燃料、动力类工业生产者购进价格指数，通过考察构成指标的共同变化来衡量工业产能均衡变动。

表 3-7 为根据式（2-3）至式（2-7）计算得到的发生时间、持续时间、平均深度和最大深度，用以展现负向成果（产能过剩风险）的数量特征。

表 3-7　年度产能过剩风险数量特征

发生时间	持续时间/年	平均深度/%	最大深度/%
1994—1998	5	151.87	256.6
2001	1	66.51	66.51
2008	1	522.48	522.48
2011—2012	2	168.73	175.34
2014—2016	3	198.95	240.64

图 3-7 呈现了年度监测指数和年度滞后指数的变动情况。从年度监测指数来看，第一次产能过剩风险发生在 1994—1998 年。这一时期，"改革红利"对经济增长的动力效应逐渐衰弱，对传统的"吃、穿、用"产品需求逐渐趋于饱和，萌发向"住、行"等产品转换升级趋向；消费结构、产业结构的转换和调整使得工业产能均衡监测指数出现长达 5 年的负向成果，平均深度为151.87%，比较温和，最大深度出现在 1995 年，为 256.6%。之后的 2001 年和2008 年均出现为期 1 年的负向成果，2001 年的深度只有 66.51%，2008 年国际

金融危机带来的负向冲击影响极大，深度达 522.48%。2011—2012 年和 2014—2016 年出现两次负向成果，中间的 2013 年出现微弱上升。这两次负向成果规模同第一次基本相当。

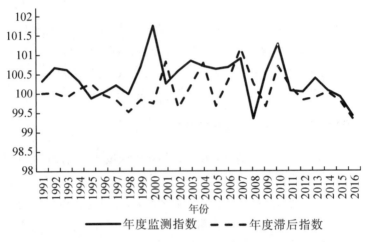

图 3-7　工业产能均衡动态监测年度指数

　　2008 年的严重产能过剩规模是产能过剩平均规模的 5 倍多，对于中国经济来说，新旧动能转化叠加全球金融危机影响，造成该时段工业产能过剩风险增大。4 万亿元投资的注入使得中国经济恢复相比同时期世界其他经济体要迅速很多，然而之后的 2011—2012 年和 2014—2016 年的工业产能过剩风险再次出现增大过程。

　　有一种比较普遍的说法（袁捷敏，2013）认为，中国工业至少经历了三轮大范围产能过剩：第一次是 1998—2001 年；第二次是 2003—2006 年；第三次是 2009 年至今。而本书的监测结果发现，1998—2000 年工业产能均衡动态监测指数处于极速上升阶段，表明这是一个产能过剩风险减小的过程；2000 年之后有一个较大的下滑，然后处于频繁波动阶段；2001 年是一个谷值点，平均深度只有 66.5%。之所以造成如此争议，在于 1996—2001 年结构调整时段的名义 GDP（国内生产总值）增速 8.3%，名义工业增加值增速 9.11%，速度较 1996 年之前和 2001 年之后都要慢；而实际 GDP 增速 7.54%，实际工业增加值增速 10.31%，是改革开放以来直到 2017 年速度最快的一个时期，这一事实从侧面印证了产能均衡动态监测的合理性。

二、产能均衡动态监测月度指数分析

（一）月度监测指数（DI 法）

本书的目标变量包括亏损企业比重期末同比增量、利润总额累计同比增速、工业生产者出厂价格指数、工业增加值累计同比增速、工业产品产销率同比增减量、应收账款累计同比增速、出口交货值累计同比增速和燃料、动力类工业生产者购进价格指数八个指标，计算得到的监测指数见图3-8。由扩散指数定义可知，当其大于50%时，意味着有半数以上指标处于下滑状态。图3-8右图为五项加权移动平均的监测指数，以去掉不规则因素影响，使得产能均衡动态监测指数（DI法）较为光滑。由图3-8可知，在工业产能均衡变动中，有四个主要时间段（2001年6月—2002年2月、2008年4月 2009年4月、2011年6月—2012年9月、2014年9月—2015年12月）的工业产能过剩风险较大，约有80%的成分指标处于下滑状态。

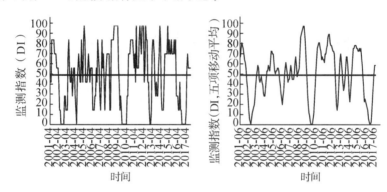

图 3-8　月度工业产能均衡动态监测（扩散指数）

（二）月度指数（SWI 法）

从 Stock-Watson 方法的构造形式可知构成指标要求平稳，对各构成指标进行平稳性检验（见附表1），构成指标中只有应收账款累计同比增速指标为一阶单整序列，对其取一阶差分，做平稳性处理。我们根据式（3-12）至式（3-14）和前述筛选得出的 8 个同步指标建立并估计状态空间模型，根据对数似然函数值大小，通过对多种组合 (p, q, r) 的大量试算和结果比较，最终选择 $(p, q, r) = (1, 2, 1)$ 为最合适模型。

量测方程为

$$\hat{F}^T_t = (0.110, 2.458, 0.439, 0.278, 0.245, 0.002\,98, 1.22, 3.262)^T \hat{C}_t + \hat{u}^T$$

转移方程为

$$\hat{C}_t = 1.207\hat{C}_{t-1} - 0.463\hat{C}_{t-2} + \hat{\eta}_t$$

$$\hat{u}_t^T = (0.45, 116.8, 0.0901, 7.88, 0.983, 0.0455, 1.649, 1.8739)^T + \hat{\zeta}_t^T$$

$$LOGL = -2253.5773$$

其中，$\hat{F}_t^T = (\hat{F}_{1t}, \hat{F}_{2t}, \hat{F}_{3t}, \hat{F}_{4t}, \hat{F}_{5t}, \hat{F}_{6t}, \hat{F}_{7t}, \hat{F}_{8t})^T$ 包括前述 8 个构成指标，为季节调整后的平稳序列；LOGL 为对数似然值。

图 3-9 是由 SWI 指数编制方法计算得到的月度工业产能均衡动态监测指数，尽管数据序列波动频繁，但古典方法识别得到的时间段与风险扩散指数相近，不同方法相互印证，可见 2001—2002 年、2008—2009 年、2011—2012 年和 2014—2015 年四个时段是我国工业产能过剩风险较高的时段。有不少学者认为，2008—2009 年增速下降的主要原因是国际金融危机带来的负向需求冲击，该时段的产能过剩风险不可避免带有外源性负向冲击风险特征。

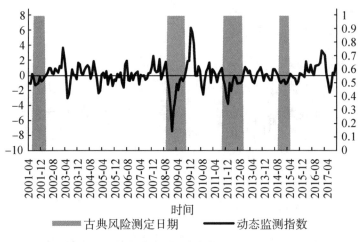

图 3-9　月度工业产能过剩风险动态监测（Stock-Watson 指数）

（三）监测指数与产能利用率的趋势比较

国家统计局发布的产能利用率为季度数据，时间从 2013 年一季度开始，本书编制的产能均衡动态监测指数为月度数据，为考察两者之间趋势性的差异。本书采用两种降频处理方式：一是直接采用每年 3 月、6 月、9 月和 12 月监测数值作为季度数据的代表值（替代法）；二是取相应三个月均值作为季度的代表值（均值法）。

从图 3-10 可以看出，本书编制的产能均衡动态监测指数与国家统计局发布的产能利用率基本趋势非常接近。

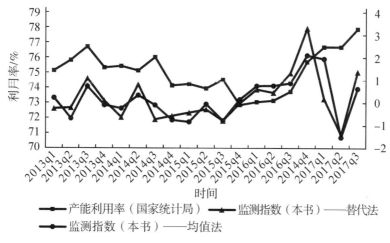

图 3-10　本书监测指数与产能利用率（国家统计局）的比较

但监测指数由多个涉及行业生产经营各个方面、具有平稳性的指标构成，数据频率为月度，更有利于研究产能均衡变动。接下来，本书将对编制得到的产能均衡动态监测指数进行过剩风险的识别和过剩风险特征的分析。

（四）马尔可夫转换方法在产能均衡负向成果发生可能性计算中的应用

汉密尔顿（Hamilton，1989）提出的马尔可夫转换（Markov switching model，MS）模型允许变量（也可能是其差分变量）的增长率依赖于经济周期特征，从而为识别周期波动特征提供了一种有效的方法。本书将采用 MS 模型来计算我国工业产能均衡变动中的负向成果发生的可能性。

$$\mathrm{CRI}_t = c_{s_t} + A_{s_t}\mathrm{CRI}_{t-1} + u_t$$
$$u_t \sim i.\ i.\ d.\ N(0,\ \Sigma)$$
$$\tag{3-41}$$

其中，CRI_t 是工业产能均衡动态监测指数，其动态行为用 AR（1）来描述。s_t 用以测度产能过剩风险波动特征，设定产能过剩（$s_t = 1$）和产能非过剩（$s_t = 2$）两个区制。

为了关闭模型并估计其参数，需要一个描述 s_t 行为的方程，因为 s_t 是一个二元变量，汉密尔顿（Hamilton，1989）建议采用马尔可夫转换（MS）模型，

$$Pr(s_t = j \mid s_{t-1} = i) = p_{ij} \tag{3-42}$$

在我们的工业产能均衡变动研究背景下，假设一个均方误差损失函数，最好的估计是 s_t 对 CRI_t 当前和过去信息的条件期望，这又相当于条件概率

$$\zeta_t \mid_t = \begin{bmatrix} \mathrm{Pr}(s_t = 1 \mid \mathrm{CRI}_t,\ \mathrm{CRI}_{t-1},\ \cdots,\ \mathrm{CRI}_1) \\ \mathrm{Pr}(s_t = 2 \mid \mathrm{CRI}_t,\ \mathrm{CRI}_{t-1},\ \cdots,\ \mathrm{CRI}_1) \end{bmatrix} \tag{3-43}$$

其中，$\zeta_{t|t}$ 即滤波概率，平滑概率可以迭代计算得到。

（五）月度产能过剩风险识别与特征分析

本书基于古典方法计算产能过剩风险（负向成果）的发生时间、持续时间和产能过剩风险发生率。在古典周期理论中，最简便的确定峰谷值的方法是若目标变量增长出现至少两个季度（6 个月）的负值，则可认定为出现衰退。若以月度工业产能过剩风险动态监测指数出现至少 6 个月负值作为工业产能过剩风险（负向成果）准则，即以产能过剩风险的持续时间作为风险识别的准则，在该准则下可以得到表 3-8 的结果（图 3-9 对古典方法风险测定进行了标识）。

表 3-8　月度产能过剩风险数量特征

过剩风险发生时段	持续时间/月	滤波概率（平均）	平均深度/%	滤波概率（谷值）	谷值深度/%
2001.7—2002.2	8（2001.8）	0.03	67.35	0.065	124.95
2008.9—2009.8	12（2008.12）	0.182	214.33	0.942	718.13
2011.9—2012.9	13（2011.11）	0.079	126.7	0.143	367.9
2014.9—2015.3	7（2015.1）	0.025	76.12	0.052	109.51

注：持续时间列括号中数据为谷值发生时间。

根据式（2-5）至式（2-9）可知，我国工业产能过剩风险连续 3 个月及以上发生率为 33.84%，连续 6 个月及以上发生率为 20.2%。表 3-8 给出连续 6 个月及以上过剩风险的发生时间、持续时间等特征指标。可以看出，月度产能均衡监测指数识别得到的过剩风险发生时间与年度数据一致，但概率值更高，相对规模更大，尽管月度数据不可避免会受到某些随机因素的影响，但其相比年度数据更灵敏。我国工业产能过剩受到 2008 年国际金融危机的影响较大，2008 年 9 月到 2009 年 8 月这段时间，衰退的平均深度为 214.33%，谷值深度高达 718.13%。其后，2011 年 9 月到 2012 年 9 月这段时间的衰退平均深度为 126.7%，谷值深度仍然高达 367.9%。尽管过去 3 年时间，但世界经济恢复缓慢，金融危机"余威"犹在。2014 年 9 月到 2015 年 3 月衰退深度减小到 76.12%，持续时间缩减到 7 个月，表明在市场和各项产能调整政策双重作用下，工业产能过剩风险基本特征恢复到危机前水平。

根据式（3-41）至式（3-43）计算 MS 滤波概率和平滑概率发现，过剩风险发生时段同表 3-8 存在一定差异，古典风险识别是以负向成果的持续时间为准则，而滤波概率和平滑概率依赖于产能均衡动态监测指数具体数值，因而对高波动反应敏感。如图 3-11 所示，2003 年 5 月到 2003 年 6 月出现较严重的指数下滑，但仅持续 2 个月。2006 年 4 月到 2006 年 5 月出现相对较深的指数下滑，也仅持续 2 个月。对比 2008 年国际金融危机前后的产能均衡动态监测指数以及滤波概率和平滑概率可以发现，危机前产能均衡动态监测指数表现出波动频繁，平均周期长度为 4.36 个月，而危机后平均周期长度为 5.93 个月，表现出波动放缓、周期长的特点。

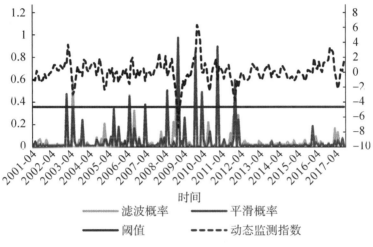

图 3-11 监测指数与过剩风险发生概率①

为进一步了解危机前后产能均衡监测指数的变化，本书对危机前后两个时段主要构成指标的变动，剔除危机发生期间的高波动时段，危机前为 2003 年 7 月到 2008 年 8 月，危机后为 2010 年 10 月到 2017 年 9 月。危机后，主要构成指标增速大幅下滑，亏损增加，除亏损企业比重期末同比增减量和 PPI 波动性减小外，其他指标波动性增加（见表 3-9）。

① 基本汉密尔顿（Hamilton）滤波得到的参数估计值为 $\mu_1 = 0.1384$，$\mu_2 = 3.4775$，$\sigma = 1.2869$，其中，$p_{11} = 0.9851$，$p_{22} = 0.6973$，产能过剩的期望持续期间为 67 个月，而非过剩的期望持续期间为 3.3 个月。需要注意的是，图 3-11 中，滤波概率结果似乎要好于平滑概率结果。就 2009 年 11 月而言，平滑概率为 0.852，滤波概率为 0.0068。事实上就工业产能过剩风险指数而言，在 2009 年 12 月抵达峰值，是产能过剩风险最小的一个点。

表 3-9　危机前后产能均衡监测主要构成指标的均值和标准差系数

主要构成指标	危机前		危机后	
	均值	标准差系数	均值	标准差系数
亏损企业比重期末同比增减量	4.05	3.99	16.21	1.99
利润总额增速	49.48	0.31	16.32	0.84
出口交货值增速	22.3	0.25	9.78	0.98
PPI	108.27	0.07	102.13	0.04
燃料、动力类工业生产者购进价格指数	111.24	0.47	100.45	0.77
工业增加值增速	18.26	0.17	9.56	0.39

注：①表中数据来源于国家统计局和中经网统计数据库；②表中指标数据为月度数据。

综合以上分析可知，工业经济增速换挡态势显著，国际金融危机的负向冲击对工业经济增速换挡的助推效应明显；危机后产能均衡变动模式基本表现特征恢复，具体表现在产能过剩持续的时间和深度上恢复到危机前水平，但是平均周期长度增加，产能均衡变动进入低波动，宽周期时代。

第五节　产能均衡动态监测指数与宏观经济的周期协同性

工业产能均衡变动是宏观经济周期变动的重要来源，却不是唯一来源，分析产能均衡监测指数与宏观经济周期的协同性可以明确两者之间变动的异同，明确工业经济与宏观经济"增速换挡"后两者关系的变化，为宏观经济政策实施提供重要依据。GDP 是宏观经济周期分析的基准变量，本书直接采用 GDP 累计同比实际增速作为宏观经济变动的代表变量，分析两者之间的协同程度。

从图 3-12 来看，本书编制的产能均衡动态监测指数同宏观经济周期波动比较接近，两者负向成果的协同程度为 30.3%，危机前为 19.35%，危机后为 40%。在危机前的 2003 年 12 月到 2004 年 8 月，监测指数有一个长达 9 个月的下降，而同期 GDP 实际增速是上升状态；2006 年 10 月到 2007 年 3 月监测指数有一个长达 6 个月的下降，同期 GDP 实际增速则是上升状态。可以据此得出一个初步的结论，工业产能均衡变动周期与宏观经济周期在 2008 年国际金融危机之后协同性增强，危机前的差异可能是因为产能均衡变动领先于宏观经济周期，也可能是因为我国工业产能均衡存在自身周期性特征，尚没有对宏观经济造成影响。

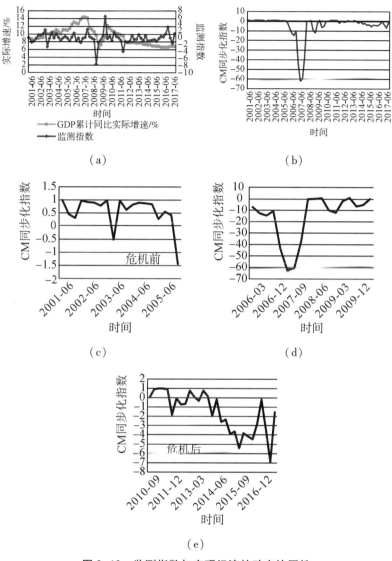

图 3-12 监测指数与宏观经济的动态协同性

上述静态比较简单直观，但是未能反映协同性的动态变化。下面，我们从动态视角测度两者周期协同性。Markov 区制转移模型、动态相关系数、CM 同步化指数是常用的动态周期协同性测度方法，但 Markov 区制转移模型采用单变量时间序列描述经济周期机制，动态相关系数方法测算过程复杂，无法对模型构建及参数校准检验提供参照标准，因而本书采用塞尔奎拉等（Cerqueira et al.，2009）提出的 CM 同步化指数来捕捉产能均衡变动与宏观经济周期间的协同特征。

$$CM_{CRI-GDP,\,t} = 1 - \frac{1}{2}\Big[\frac{CRI_t - \overline{CRI}}{\frac{1}{T}\sum_{t=1}^{T}(CRI_t - \overline{CRI})^2} - \frac{GDP_t - \overline{GDP}}{\frac{1}{T}\sum_{t=1}^{T}(GDP_t - \overline{GDP})^2}\Big]^2$$

(3-44)

图 3-12（b）中的 CM 同步化指数显示，产能均衡变动和 GDP 实际增速代表的宏观经济周期变动的差异主要出现在 2006 年一季度到 2010 年二季度，而最严重的差异出现在国际金融危机之前，彼时我国工业产能均衡监测指数已经开始出现下滑，2007 年年初监测指数的主要构成指标利润总额增速、出口交货值增速即开始出现大幅下滑，而 GDP 实际增速还维持在 13.8% 的高位。其后的两次 CM 同步化指数下滑也基本属于相同情形，计算产能均衡动态监测指数和 GDP 实际增速的时差相关系数，发现产能均衡动态监测指数领先 GDP 实际增速一个季度。

按照前述对危机前后的分段，结合 CM 同步化指数，以 2006 年 3 月和 2010 年 10 为时间阶段，我们将图 3-12（b）分为三个时段，三个时段的 GDP 实际增速分别为 10.14%、11.36% 和 7.78%。可以清楚地发现，危机后较危机前工业产能均衡动态监测指数与 GDP 实际增速之间的动态协同程度下降了。

以上产能均衡监测指数与宏观经济周期协同性的静态分析和动态分析表明，危机后负向成果发生协同程度增加，工业产能均衡波动同宏观经济之间大趋势保持一致，但左右两者间关系的微观结构可能已经发生变化。

第六节　本章小结

第二章已经指出可以通过 C_{it} 的负向成果发生时间、持续时间、相对规模及可能性来全面刻画产能过剩风险，但有一个关键问题尚待解决，就是产能均衡动态监测目标 C_{it} 的成分构成和代表变量。本章将基于动态因子模型（dynamic factor model）来构建产能均衡变动理论模型，从产能均衡内涵出发确定成分选取构成变量，应用 Stock-Watson 指数方法编制产能均衡动态监测指数作为代表变量，然后对其负向成果特征进行分析刻画。

从全文结构来看，本章是第二章基本概念的延伸，是后续其他章节分析内容的基础。本章基于动态因子模型构筑了产能均衡动态监测体系：建立产能均衡变动的理论模型；紧扣产能均衡变动概念内涵选取可观测指标构建产能均衡动态监测指标体系；引入同步指标概念，对监测指标进行筛选得到产能均衡动态监测的目标变量；分别采用合成指数、扩散指数和 SWI 指数编制产能均衡动态监测的年度指数和月度指数；根据产能均衡动态监测月度指数分析负向成果的发生时间、持续时间；采用马尔科夫转换（Markov-Switching）测算负向成果发生的可能性，并根据第二章给出的公式计算负向成果相对规模和可能程度。

最后，本章对产能均衡监测指数与宏观经济的周期协同性做了简要的延伸性讨论。

第四章 产能均衡变动的影响因素及失衡风险预警指标体系构建

第一节 产能均衡变动的影响因素分析

我国工业产能非均衡发展既体现市场经济发展规律的共性，也具有中国特色制度背景下的特性。行业特征、经济周期变动、重大政策改变、体制机制变革均会影响行业产能均衡变动。市场因素与非市场因素对行业产能均衡变动的影响通过行业间传导通道遍及整个工业经济系统，并扩散至宏观经济系统。投资对产能均衡变动具有独特影响，而投资的增长由市场因素和非市场因素共同决定，是市场因素和非市场因素对产能均衡变动交互影响的最直接体现。

一、市场因素分析

（一）经济周期性波动

周业樑和盛文军（2007）认为，经济周期波动会显著的影响产能利用情况，经济的繁荣会刺激企业扩大产能，而一旦经济衰退，需求的减少就不可避免地会带来产能过剩。周炼石（2008）也指出了产能过剩现象的周期波动成因，认为1976—2007年中国经历了技术冲击和创新为基础的经济周期波动，每一个阶段都有相应的先导行业在技术冲击下进行大规模产能投资，而当需求饱和时，这些先导行业就面临产能过剩压力。

在经济上行阶段，良好的增长预期使得企业家过度乐观，大规模投资导致产能急剧扩张，而由于市场需求饱和，或是外源性的负向需求冲击，又或是供需结构性错配等原因造成产能难以出清，富余产能如果不能及时退出市场，产能过剩随之发生。

在经济上行阶段，商品销售旺盛，收入、利润增加，亏损减少，投入增长，资金周转加快，价格水平上升，在未来经济持续向好的预期下，乐观的未来销售前景促使企业产成品存货和原材料存货增加。总之，在经济上行阶段，受到现行和未来乐观前景影响，各构成经济指标处于向好状态，产能均衡动态监测指数上升。

在经济下行阶段，需求下降，产出下降，资本、劳动投入难以迅速调整，富余产能增加，利润减少，亏损增加，监测指数下降。一只"无形的手"指挥着各个变量沿着共同的轨迹变动，而又将其意志在各个变量的变动特征中予以充分体现，宏观经济周期变动内生于监测指数的构成指标变动之中。

在宏观经济周期变动的预警研究中，不同国家选取的领先指标不尽相同，如住宅许可证数量、股票价格指数、贸易条件、利差、消费者信心指数、产成品存货等。有学者认为，存货是宏观经济周期波动的最好代表变量。布林德等（Blinder et al., 1983）指出，在第二次世界大战结束后的衰退期，存货投资的平均下跌是国民生产总值下跌的68%。易纲（2000）认为，存货投资就是GDP与最终需求之间的差，由于存货投资顺周期作用的存在，GDP的波动性大于最终需求的波动性。存货投资在GDP中所占份额非常小，OECD 15国（1987—2007年，年度数据）存货投资占GDP比重的均值为0.382%（Chikán et al., 2011），中国2016年存货投资占GDP比重不到1.5%（世界银行数据），但存货投资却是GDP各组成部分中波动最大的部分。我国工业产成品存货累计同比增速指标[1]滞后于PPI，从时间的领先性质而言，并不适合用来对产能失衡风险进行预警。

中国人民银行5 000户企业调查中涉及的领先指标包括固定资产合计增长率、短期借款增长率、工业产品销售率等。高铁梅等（1998）认为，中国景气指标组领先指标涉及M1增速、M2增速、固定资产新增投资额增速、固定资产投资完成额增速以及水泥等主要产品产量增速等。货币供应量增速指标和不同统计口径的固定资产投资增速指标我们将在后面部分加以详细讨论，主要产品产量增速从内涵而言不适合对产能均衡变动进行预警，因而本书不单独设计体现宏观经济周期变动的预警指标。

---

① 国家统计局公布工业行业的存货数据只包括产成品存货，不包括原材料存货，但其覆盖面最广；中国人民银行5 000户工业企业调查数据则区分了原材料和产成品数据，但其覆盖面相对有限；国家物流信息中心公布的采购经理指数中也包括了原材料存货指数和产成品存货指数，但其数据主要采取了问卷调查而非实际统计方式。

（二）行业特征

产业（或行业）是指从事相同性质的经济活动的所有单位的集合。产业内的企业数量、产业规模、市场结构、产业生命周期所处阶段等方面的特征在产能过剩风险的形成和发展中起着重要作用。某些行业特征决定了该行业产能过剩风险的易发性，如处于产业生命周期成熟或衰退阶段的行业，微弱的需求下滑都可能造成比较严重的产能过剩风险，还有一些行业资产专用性强、退出壁垒高，其产能过剩风险也较高。

1. 行业基本特征分析

大类行业所包含中类行业和小类行业的数目[①]和宽泛程度（可称为行业宽度）是决定该大类行业在产业关联中的地位的一个重要方面。大类行业在经济系统中的地位主要体现在两个方面：一个方面是其增加值的比重，体现其在经济系统中的基础地位。另一个方面就是其关联性。大类行业所包含的中类行业和小类行业数目越多、越宽泛，该大类行业在产业链条相互交织形成的系统网络中的地位越重要，其成本压力易于转嫁，发生严重产能过剩风险的概率较低；同样由于行业宽度较大，在经济下行时期，行业累积的过剩风险也较大，产能过剩持续时间可能较长（见图4-1）。

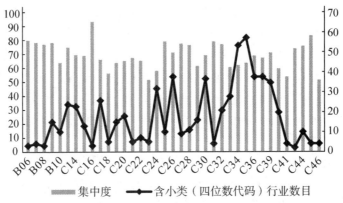

图 4-1　大类行业集中度及包含小类行业数目

数据来源：根据国家统计局公布数据和国民经济行业分类（GB/T 4754—2017）计算而得。

---

① 国民经济行业分类（GB/T 4754—2017）已于2017年10月1日实施，新版行业分类共有20个门类、97个大类、473个中类、1 380个小类。与2011年版比较，门类没有变化，大类增加了1个，中类增加了41个，小类增加了286个。其中，为体现新产业、新业态、新商业模式，增加了许多新的行业类别。例如，采矿业门类中增加了海洋石油开采；制造业门类中增加了生物质液体燃料生产、生物质致密成型燃料加工、基因工程药物和疫苗制造、特种玻璃制造、工业机器人制造、特殊作业机器人制造、增材制造装备制造、新能源车整车制造、高铁车组制造、可穿戴智能设备制造、智能车载设备制造、智能无人飞行器制造、服务消费机器人制造；电力、热力、燃气及水生产和供应业门类中增加了生物质能发电和海水淡化处理。

2. 产业生命周期特征

根据产业发展规律，产业生命周期一般可划分为形成期、成长期、成熟期和衰退期。一个产业从诞生到衰退的演进过程中，产业内的企业数量、产业规模、市场结构、进入壁垒和退出壁垒以及产业技术变革均会发生相应的变化。图4-2以企业数量、产业规模和产品价格为例，演示了产业生命周期不同阶段产业特征指标的发展变化，而这些产业特征指标又同产能过剩风险的形成以及预警指标的选择密不可分。

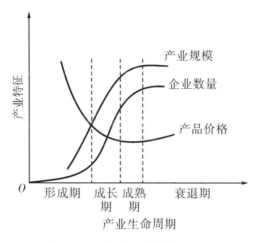

图4-2 产业生命周期特征变化

根据G-K模型①，随着产业的进一步发展，竞争加剧，进入企业数量减少，产业将逐步进入成熟期和稳定发展时期，此时的产能过剩风险形成不是由产业因素主导。当行业走向衰退期时，市场饱和，市场供给远大于需求，将出现产能过剩现象，此时若存在退出壁垒和障碍，企业不能正常退出衰退行业进入新的行业，产能过剩风险将进一步增大。王相林（2006）曾将产能过剩按其成因大致分为以下四种：短期市场波动型、宏观需求波动型、行业周期演进型和产权驱动型。其中，行业周期演进型即指部分行业的生命周期演进到成熟期后，由于需求扩张减速从而出现产能过剩现象。

尽管不同的产业生命周期发展阶段的产业特征不同，产能过剩风险的形成

① G-K模型是戈特等（Gort et al., 1982）学者以市场中企业数目为指标，对46个产品长达73年的时间序列数据进行的实证分析。他们按产业中的企业数目对产品生命周期进行划分，发现了产业中的企业数目随着产业的成长而发生变化，这是产业经济学意义上第一个产业生命周期模型。

也不同，但由于产业生命周期演化过程相对较慢，多数产业特征指标的高频统计数据变化噪声影响很大，因而多数产业特征并不适合用来作为我国产能失衡风险预警指标。根据图 4-2，产业规模、企业数量和产品价格是产业生命周期阶段演进的重要特征指标，基于可得性的考虑，本书将企业单位数累计同比增速作为产业特征指标纳入产能失衡风险预警指标备选。

另外值得注意的是，在一个新兴产业由形成演进至成长阶段，随着技术的不断改进和完善，市场不确定因素的减少，新兴产业的投资风险较大程度地降低。先有少数在位企业巨额利润的诱惑，后有地方政府的鼓励与扶持政策，大量投资者开始进入该产业，企业数量与产能规模迅速提高。如果此时市场需求还没有完全培育起来，那么迅速增加的供给与缓慢增长的需求之间形成巨大缺口，与不当的产业扶持政策和价格信号的扭曲相叠加，造成产能过剩风险增大。我国光伏、风电设备产业的产能过剩现象以及近期动力电池的产能过剩苗头都属于此种情形。

3. 市场结构特征

新古典经济学认为市场结构与要素配置效率密切相连，一些观点提出若市场结构不符合要素配置效率提升要求，则将会抑制产能利用率。贝恩（Bain，1962）、米汉（Meehan，1967）和谢勒（Scherer，1969）都曾在实证研究中分析市场结构与过剩产能之间的关系，贝恩还直接涉及慢性产能过剩程度与市场结构关系的研究。埃斯波西托等（Esposito F et al.，1974）同样探讨了市场结构与慢性产能过剩之间的关系，结果发现相比寡头垄断或原子型市场结构，具有垄断竞争特征的行业更容易出现过剩产能，但其也承认垄断竞争对消费者剩余的积极意义，具体哪种行业结构更为有利，应在两者之间进行权衡。曼森等（Masson et al.，1986）运用 36 个行业的样本数据研究市场结构对过剩产能的影响，结果表明，利用过剩产能阻止新企业进入的假说是正确的，且过剩产能提高了限制进入的价格。徐朝阳和周念利（2015）认为，新兴行业发展之初必然有新进企业大量涌入，造成产能分散和部分闲置，随着优胜劣汰和行业集中度提高，产能过剩自然得到化解。韩国高（2013）以中国钢铁业为例，研究发现提高集中度可避免同质化竞争，有助于淘汰工艺技术落后的过剩产能。

在垄断未造成资源价格及其配置过程的扭曲前提下，行业集中度的提高有助于减少过剩产能。不过，中国式行业垄断难以做到这一点，将上述理论用于中国现实可能过于理想化。不少研究发现，国内要素价格扭曲及无效配置是中国产能过剩的重要成因（时磊，2013；于春晖 等，2015）。晏智杰（2016）认为，同是产能过剩，对于融入市场经济的竞争性行业和对于处于垄断地位的行业来说，其成因、表现和消除办法具有原则上的区别，前者与市场竞争相关，后者则与其垄断地位密切相关。

行业集中度一般采用 CR_n 指标，n 等于 4 或者 10。如果行业集中度采用 CR_n 指标，由于处于顶端的企业数量较少，且很多企业的并购或重组难掩政府作用的痕迹，因而本书采用一种变通的做法。该做法源于 2011 年起规模以上工业企业起点标准的调整，规模以上由原来的年主营业务收入 500 万元提高到年主营业务收入 2 000 万元。我们以调整前后的企业数量为基础，计算主营业务收入 2 000 万元的企业数量占主营业务收入 500 万元企业数量的比重，以该比重指标衡量我国工业各个大类行业的集中程度（见图 4-1）。

产业基本特征指标有助于大类行业产能均衡变动特征的分析和诠释。由于行业集中度与产能过剩风险之间的关系存在争议，且客观上大部分行业集中度指标（CR4、CR10 等）测度的数据基础差，微观数据汇总存在客观难度，因而本书只是将行业集中度指标作为参考分析指标，不纳入产能失衡风险预警指标体系。

二、非市场因素分析

（一）货币政策与金融支持

从理论上讲，货币政策对产能均衡变动的影响路径主要有货币渠道和信用渠道两种，货币渠道指通过货币供应量、利率、汇率等中介变量影响产能均衡变动，随着货币供应量的增加，利率水平降低，资本投入价格水平降低，投资增加引致产能扩张，增大产能过剩风险，但随着货币供应量增加，实际产出增长，产能过剩风险亦会减小，货币供应量对产能均衡变动的影响方向并不明确。货币政策信用渠道则是货币政策通过影响银行信用可得性，影响固定资产投资，进而影响产能均衡变动。马红旗等（2018）认为，宽松的货币环境将是企业产能扩张的重要推动力，我国金融体系存在的"预算软约束"问题是地方政府干预企业投资的重要切入点，帮助企业获得金融资源的措施是地方政府干预微观经济的主要手段。

金融变量领先于产能均衡变动。弗里德曼（1956）认为，短期内的经济波动源于货币供给量的不规则变动，货币供给的变动显示其具有与实体经济活动类似的波动周期，并且早于实体经济活动一个相当长的时期。米切尔等

（Mitchell et al.，1938）的预警指标体系中包括道琼斯股票价格指数①。斯托克等（Stock et al.，1989）的预警指标体系中包含了两个金融变量：一个是6个月的商业票据利率和6个月国库券利率之间的差额；另一个是10年期和1年期国库券利率之间的差额。马勇和李镥洋（2015）以我国1998—2013年的季度数据为样本，对金融变量和实体经济之间的关联关系进行了实证分析，结果表明，金融变量对实体经济具有显著影响，且通常领先于实体经济。纳入金融变量有利于提高产能失衡风险预警的前瞻性和有效性，本书将代表货币政策传导的货币供应量增速指标纳入失衡风险预警指标体系。

（二）宏观经济政策不确定性

经济周期波动是宏观经济环境不确定性的重要特征，上节已经进行了详细论述，宏观经济环境中的另一个重要的不确定性因素就是经济政策的不确定性。国际金融危机之后，宏观经济不确定性呈增大之势，其影响也已经从金融领域扩展到实体经济领域。贝克（Baker）等学者于2011年编制了经济政策不确定性指数（economic policy uncertainty index，简称EPU指数），并基于此不确定性指数论证发现，2006—2011年的政策不确定性冲击预示了私人投资、工业生产和就业总量在未来时期的下降和减少，认为在该时段，经济政策不确定性是经济前景不确定性的主要内容，经济政策不确定性被认为在全球经济复苏中扮演重要角色。

经济不确定性对产能均衡的影响体现在其各个构成元素上。首先，经济不确定性改变了经济行为主体对未来发展的信心，不确定性增大抑制企业固定资产投资，通过预防性储蓄效应抑制居民消费，进而抑制最终消费需求。韩国高和胡文明（2016）采用动态面板数据的GMM方法对近年来我国固定资产投资下滑的原因考察得出，宏观经济不确定性对固定资产投资具有显著的抑制作用。刘慧和綦建红（2018）采用2000—2009年中国对23个主要贸易伙伴的出口海关数据进行实证分析发现：国内外宏观经济的不确定性均会对我国出口产生显著的抑制作用，且目标国经济不确定性对我国出口的抑制作用更大。

图4-3利用EPU指数数据给出世界主要经济体和中国的经济政策不确定性。其中，左图是世界主要经济体的经济政策不确定性情况，以季度数据形式呈现；右图是中国的经济政策不确定性情况，以月度数据形式呈现。无论是世界主要经济体还是中国的经济政策不确定性，在国际金融危机之后都有较大幅

---

① MARCELLINO M. Leading indicators［J］. Handbook of economic forecasting, 2006, 1（5）: 879-960.

度的增长。由图 4-3 可以推想经济政策不确定性可能会是国际金融危机之后宏观经济环境对工业产能失衡风险的一个重要影响成分，是产能失衡风险变动的一个重要驱动力量。另外，由于 EPU 指数是新闻指数，其数据来源同其他宏观经济环境指标有着本质上的区别，数据来源的独立性决定了 EPU 指数同其他宏观经济环境指标之间的信息重叠较少，对产能失衡风险刻画的代表性较强。

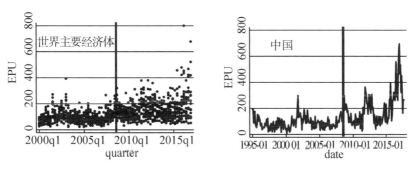

图 4-3　世界主要经济体及中国的经济政策不确定性

注：①EPU 指数数据来自 http://www.policyuncertainty.com/；
　　②图中黑色竖线标识了 2008 年全球金融危机的最低点。

其次，经济不确定性可通过哈特曼—阿贝尔（Hartman-Abel）效应、增长期权效应、实物期权效应、金融摩擦效应等渠道引发宏观经济变量波动，从而导致经济周期波动。马轶群（2016）研究认为，经济不确定性是我国宏观经济波动的重要原因，经济不确定性、技术进步和劳动供给冲击可以解释中国经济波动的大部分原因，经济不确定性冲击的贡献最大且对宏观经济变量以负向冲击具有长期负向影响；反过来，经济周期波动增加了政府调整宏观经济政策的频率与复杂程度，进一步加剧了经济不确定性程度。

贝克（Baker，2011）等编制了世界主要经济体的 EPU 指数，愈来愈多的学者和政府机构开始关注并使用这一指数研究政策不确定性的宏观经济效应。本书将采用 EPU 指数来衡量经济政策不确定性，纳入产能失衡风险预警指标体系，以期能够改善预警指数性能，得到更好的预警效果。

三、行业间传导——市场因素与非市场因素的影响通道

国民经济是一个庞大复杂的有机整体，各产业之间以各种投入品、产出品、资本品和价格为链接纽带的技术经济联系是政策、关键生产要素和各种生产信号传导的重要通道和载体。

（一）行业间传导对产能均衡变动的影响机制分析

行业间传导对产能均衡变动的影响具体包括两个方面：一方面，产能过剩风险在以产业关联关系为基础的行业间传导，如果一个行业产品产能过剩、价格下降，导致其下游行业成本下降、利润空间增大，高利润吸引力使得下游行业投资增加，如果需求没有配套增加，其下游行业产能将出现过剩。杨进（1991）认为，发生于1989—1991年的短期经济调整就是因为企业在之前年份高利润刺激下，不断投资造成产能扩张，大量产品涌入市场，从而出现产品的严重过剩。在产业间传导作用下引致其他产业也出现过剩，产品价格回落，利润难以实现，企业两头受压，从而导致整个经济的衰退。另一方面，宏观经济政策、环保规制等也通过产业链条交织形成的路径传导改变着行业间利润分配格局，调整了行业微观结构和基础，进而也对行业在不同区域的布局产生影响。

此外，随着信息化进程的加快，"产业互联网"的提出，新一代信息技术与传统产业深度融合。生产环节和流程的改造和重构促使信息流逐渐成为产业关联中的主导性要素，突破物质流①"上游—中游—下游"的传统产业传导路径的束缚，在更大的范围内进行系统集成。这既引导和加速了产业关联中的物质流，也开辟了新的产业关联传导路径。越来越多的企业开始注重利用新技术向产业链的上下游延伸拓展，促使不同产业部门间相互交叉、渗透、重构，产业部门之间关系越来越紧密，传统产业之间融合加深，界限则逐渐模糊（周振华，2004），行业间关联结构随之发生变化。产业关联传导路径的改变会进一步影响产业间成本利润流向的变化，以致影响产业间利益分配的传统格局。利益分配格局的改变又会反过来加重产业关联关系的复杂性，使其多样化和网络化的特征更明显。

来自关联行业的产能扩张可能甚于自身的产能扩张，因行业关联引发的被动产能扩张增加了行业产能过剩风险。以非金属矿物制品业②为例，我们发现2003—2012年的非金属矿物制品业固定资产投资增长平均在35.62%，而同期国民经济中的非金属矿物制品关联行业固定资产投资综合平均增长在29.17%；同时，金属冶炼及压延加工业③在2003—2012年固定资产投资平均增长为20.15%，而同期国民经济中金属冶炼及压延加工业关联行业固定资产投资综合平均增长达32.6%。由此可见，资本积累速度更甚于金属冶炼及压延加工业

---

① 这里的物质流并不仅限于指物质产品，而是相对于信息流而言，指产业链上传递的非信息要素。

② 非金属矿物制品是以非金属矿物材料经过进一步加工形成的产品，常见的水泥、玻璃、陶瓷和耐火材料是四大传统的非金属制品。

③ 可以细分为黑色金属冶炼及压延加工业和有色金属冶炼及压延加工业。

自身的资本积累速度。

鉴于行业间传导的重要性，我们有必要将重要关联行业的价格、需求和投资指标纳入产能失衡风险预警指标体系备选。价格采用按行业划分的工业生产者出厂价格指数，产品销售收入是传统意义上的需求代表变量，但由于数据的可得性原因，本书选择工业各行业规模以上企业主营业务收入累计增速作为需求变动的代理变量，投资传导的代表变量选择固定资产投资累计增速。

（二）重要关联行业选择

什么样的行业关联才能称为"重要"？基于投入产出表的直接消耗系数、完全消耗系数是分析行业间关联的传统方法。

所谓"重要"，首先是在某行业1单位产品产出中这些行业的投入占有较大的比重，根据直接消耗系数，认为 $a_{ij} > \bar{a}_j$，即直接消耗系数大于行业直接投入均值的视为"重要"，筛选出的行业用 H_J 表示。这是从正向投入角度考察原材料行业的产品价格、投资变动的影响。

其次从使用角度去考察下游行业价格、投资等的反向倒逼机制，依然根据直接消耗系数，认为 $a_{ij} > \bar{a}_i$ 即直接消耗系数大于行业直接使用均值为"重要"，筛选出的行业用 H_I 表示。

最后，考察关联行业价格、需求以及固定资产投资波动对目标行业的实际影响是否显著①。筛选出的行业用 H_T 表示。最终选取的重要关联行业符合条件

$$(H_J \cap H_T) \cup (H_I \cap H_T) \tag{4-1}$$

式（4-1）中的条件 $H_J \cap H_T$ 从投入角度（直接消耗系数矩阵的列）选取比重较大且实际影响显著的行业，而条件 $H_I \cap H_T$ 从使用角度（直接消耗系数矩阵的行）选取比重较大且实际影响显著的行业，将两个条件合并得到重要关联行业。具体结果见附表5和附表6。

下面我们讨论 H_T 的选择，即关联行业价格、需求以及固定资产投资波动对目标行业指标影响显著性的分析。本书借鉴李敬、陈澍、万广华等（2014）和张耀（2017，2018）的做法，采用 VAR granger causality 方法进行分析，以非金属矿物制品业的重要关联行业选择为例详细说明具体做法。

我们基于 VAR 模型框架构建如下时间序列模型进行行业间价格传导的格兰杰因果检验：

---

① 由于直接消耗系数反映的是单位产品的投入比重，会存在直接消耗系数高而行业间指标不存在显著影响的情况。

$$\begin{cases} y_{it} = \beta_{i0} + \beta_{i1}y_{i,\,t-1} + \cdots + \beta_{ip}y_{i,\,t-p} + \gamma_{i1}y_{j,\,t-1} + \cdots + \gamma_{ip}y_{j,\,t-p} + \varepsilon_{it} \\ y_{jt} = \beta_{j0} + \beta_{j1}y_{i,\,t-1} + \cdots + \beta_{jp}y_{i,\,t-p} + \gamma_{j1}y_{j,\,t-1} + \cdots + \gamma_{jp}y_{j,\,t-p} + \varepsilon_{jt} \end{cases} \quad (4-2)$$

我们通过对自回归项系数的联合显著性检验来验证 y_{jt} 的历史值是否有助于解释 y_{it} 的波动，以此判定行业两两之间的价格传导关系。

表 4-1 的结果显示，C31 价格是 C30 价格的因，即 C31 的价格波动历史值可以显著解释 C30 的价格波动，可以确定 C31 对 C30 存在显著的价格溢出效应。同样可以确定 C32 对 C30 不存在显著的价格溢出效应，而 C30 对 C31 和 C32 存在显著的价格溢出效应；C31 对 C32 不存在显著的价格溢出效应，而 C32 对 C31 存在显著的价格溢出效应。

表 4-1　Granger 因果关系检验（以 C30 的价格传导为例）

原假设	样本数/个	F	P	最优滞后期/月
C31 不是 C30 的 Granger 原因	183	4.591 85	0.004	3
C30 不是 C31 的 Granger 原因		7.223 87	0.000 1	
C32 不是 C30 的 Granger 原因	183	0.735 49	0.532 2	3
C30 不是 C32 的 Granger 原因		3.294 74	0.021 9	
C32 不是 C31 的 Granger 原因	199	3.570 43	0.03	2
C31 不是 C32 的 Granger 原因		2.873 38	0.058 9	

注：①以 5%的显著性水平为界划定拒绝域；②基于 VAR 模型对滞后期选择的敏感性，本书综合考虑 HQ、SC、AIC、LR 四种检验结果来确定最优滞后期。

具有显著价格溢出效应赋值为 1，不具有显著的价格溢出效应则赋值为 0，如此可以构建价格传导邻接矩阵 $\begin{array}{c} \\ C30 \\ C31 \\ C32 \end{array}\begin{pmatrix} C30 & C31 & C32 \\ 1 & 1 & 1 \\ 1 & 1 & 0 \\ 0 & 1 & 1 \end{pmatrix}$，重复这一过程直至遍历所有行业两两间的价格传导关系。同样重复该过程遍历所有行业两两间的需求传导关系和投资传导关系，结果见附表 2 至附表 4，如此选出的具有显著传导关系的行业构成 H_T。

基于行业间价格传导、需求传导和投资传导矩阵，采用复杂网络方法构筑产业间价格传导网络、需求传导网络和投资传导网络①，其网络密度分别为

————————

①　此外，计算行业间价格传导、需求传导和投资传导网络的度值，分别称为价格关联度、需求关联度和投资关联度。

0.564、0.428 和 0.227，聚集系数（transitivity）分别为 0.687、0.542 和 0.304，说明行业间显著传导效应较为普遍，由此可能产生可观的行业间传导整体效应。这也从事实上说明，将行业间传导效应代表指标作为预警指标具有合理性。

四、投资——市场因素与非市场因素的交互影响体现

在第三章分析中，固定资产投资增速指标领先于基准变量，可以作为备选预警指标。另外，很多学者认为投资是中国式产能过剩的伴生因素，甚至有学者直接将产能过剩与过度投资画等号。投资在产能失衡风险变动中扮演着极其特殊的角色，是市场因素和非市场因素相互制约[①]、交互影响的体现。下面，本书将对投资与产能失衡之间的关系进行深入分析和系统梳理，以期挖掘出科学合理的预警指标。

（一）作为市场因素的投资与产能过剩

在古典投资理论中，假定产能利用率与资本成本无关，在资本和劳动具有很好替代性的条件下，认为追求成本最小化的企业不会存在产能闲置。朱南卡尔（Junankar，1970）利用英国 1957—1966 年的季度数据，考察了闲置产能与固定资产投资之间的关系。结论表明，闲置产能反向作用于制造业投资。阿贝尔（Abel，1981）利用动态优化分析了投资和产能利用之间的长期关系，沿着稳态增长路径，两者之间是负相关关系，然而出现未预期到的需求冲击时，两者是正相关关系。林毅夫等（2010）指出，产能过剩经常成为经济复苏中重要且必须应对的问题。产能过剩不仅由经济周期波动引起，还可能有投资层面的成因。投资上的"潮涌现象"是风电、光伏等新兴产业产能过剩问题的重要推手。

格林布拉特（Greenblatt，2017）提出投资与产能利用率之间的动态模型，认为投资的一个正向的改变会导致产能利用率一个负向的变化。投资增加，产能利用率下降；投资减少，产能利用率上升。投资增加，资本存量增加，从而产能产出增加，在需求不变的情况下，产出不变，从而产能利用率下降，产能利用率的变化量同投资之间呈现负相关关系。

$$\Delta CU_t = - \lambda_2 I_t，\lambda_2 > 0 \qquad (4-3)$$

其中，λ_2 的大小衡量产能利用率对于投资的反应、调整速度。在生产技术没有发生改变的前提下，产能随着资本存量的增加而增加是确定的；如果需求增

---

① 这里的市场因素和非市场因素包括前面提到的因素，但不限于这些因素。

加，则实际产出增加，那么产能利用率的增量符号是难以确定的；如果实际产出增加大于产能产出的增加，那么产能利用率的增量是正的；如果两者增加是同步的，产能利用率则保持不变；如果实际产出增加少于产能产出的增加，则产能利用率的增量为负。在需求不变的情况下，产出不变，从而产能利用率下降，产能利用率的变化量同投资之间呈现负相关关系。在需求减少的情况下，理性厂商会做出减少实际产出的决策，产能利用率的变化量同投资之间呈负相关关系，且 λ_2 较其他两种情况下数值更大，产能利用率向下调整的速度更快，如此会给厂商传递一个减少投资的信号。

在成熟的市场经济国家，经济周期波动中的过剩产能为企业提高效率和调整产品结构提供了良好契机，市场机制优胜劣汰作用的发挥，促使产业结构优化升级，在大多数情况下，产能过剩行业的固定资产投资并不会出现过度增长。在少数情况下，发达市场经济国家也会存在众多企业同时看好某一产业出现投资上的"潮涌现象"。

（二）政府干预下的投资与产能过剩

从经济的微观动力也就是企业行为来看，所有的过剩产能都是企业在特定约束下的最优选择，因而可以判定："中国式"产能过剩，即政府干预下的产能过剩源于企业投资的非合意增加。随着中央行政和财政权力的下放，地方政府具备了"经济人"的特征；现有的以 GDP 增长为核心指标的政府官员晋升考核机制，以及计划经济时代遗留的企业软预算约束的存在都加剧了投资冲动。王贤彬等（2010）的实证研究发现，我国改革开放之后出现了政治投资周期，地方官员更加倾向于推高全国总体的投资增长率；同时，地方官员职业竞争的加剧推高了当年地方投资增长率，也增加了当年地方投资扩张的概率。这种现象在20世纪90年代以来表现得更加明显。谭之博和周黎安（2015）基于中国的省级面板数据研究发现，省级信贷投放与固定资产投资都随省委书记和省长的任期呈倒"U"形变化，转折点在3~4年。而这种关系在官员退休制度和分税制改革推行后更为明显，官员任期的转折点有所提前，行为更加短视。

杨振（2015）认为，在国有经济为主导的社会主义市场经济体制下，企业的投资行为并不完全以利润为导向，因而在已过剩的领域还可能继续追加投资。地方竞争性引资给出的政策性优惠扭曲了要素市场价格，使得原本无利可图的投资在低要素成本情形下变得有利可图，支撑了产能过剩行业的利润水平，对企业的过度进入行为产生正向激励作用。2008 年全球金融危机之后，钢铁、电解铝、水泥等部分行业陷入严重困境，我国为缓解经济危机带来的巨大下行压力，出台了 4 万亿元投资计划和宽松货币政策等强刺激方案，给钢铁、建材等行业带来了巨大需求，也因此带动了这些高耗能、高排放行业的盲目投资（曹建海 等，2010）。

一般认为，政府的投资冲动和不当干预主要体现在直接补贴、土地价格扭曲和金融支持三个方面。

1. 政府直接补贴的产能过剩风险引致效应机理

政府直接补贴是指直接的转移支付、为企业提供政府担保以及对国有企业注资、税收减免等。在同等条件下，没有私人愿意进行股权投资的情况下，政府增加股权投入也属于补贴行为。政府对企业补贴力度越大，企业用于扩张产能的投资越多，足够高的政府补贴会引发市场呈现畸形发展趋势。低效率的投资补贴同时会造成企业风险外部化。

2. 土地价格扭曲的产能过剩风险引致效应机理

税收改革之后，地方政府通过税收减免对企业投资进行补贴的能力被削弱了，土地使用权出让、转让制度的改革以及经济高速发展过程中土地迅速升值，使得低价出让土地成为地方政府吸引投资者的手段。土地和自然资源的定价机制不合理，严重地扭曲了企业的产能投资行为和竞争行为。

3. 金融支持的产能过剩风险引致效应机理

低价的土地转让使得企业能以很小的自有资金比例承建新的项目，且企业往往可以以新建项目作为抵押撬动银行的大量贷款，加上地方政府对金融机构的信贷干预，投资者的自有资金投入过少成了普遍的现象，极大地刺激了企业的寻租行为。

无论是直接补贴、低价土地出让还是金融支持，都会使得企业能够转嫁投资风险，这严重地影响了企业的产能投资行为和竞争行为，最后导致产能不受约束的非理性扩张。

政府的不当干预还体现在产能退出环节，由于企业退出市场会带来大规模失业、银行呆坏账以及社会不稳定等隐患，从某种意义上讲，企业承载了较多的社会功能，企业退出通常受到政府干预和阻挠。中央政府、地方政府对国有企业和地方支柱企业的退市干预一直存在，这些企业通常面临更高的退出壁垒。

综上所述，固定资产投资指标变动不仅是市场因素变动的反映，也是非市场因素变动的反映，且两种因素往往交织在一起难以明确区分。无论是市场因素引致的投资增加还是政府干预造成的隐性投资增加，最终都会体现在固定资产投资的总量波动上。接下来，我们针对不同统计口径的固定资产投资来详细分析该选取何种口径作为我国工业产能失衡风险预警的成分指标。

（三）不同统计口径投资指标的讨论

1. 投资总体规模

经济发展必须保有一定的投资规模，投资是促进经济增长的一个主要因素，但过高的投资会抑制消费，进而造成供需失衡，引发产能过剩风险。如果"过度"投资是宏观层面的，那么由此引发的产能过剩风险也会是宏观层面的，宏观层面的产能过剩风险往往会演化为系统性的宏观经济风险，引发经济衰退。

投资率是用以衡量宏观层面是否存在"过度"投资问题的主要统计指标，即支出法 GDP 核算中的资本形成总额与 GDP 的比例，该计算口径国际可比性较强。其中，资本形成总额是指常住单位在一定时期内获得的减去处置的固定资产和存货的净额，包括固定资本形成总额和存货增加。

"钱纳里模型"（Chenery et al., 1966）对投资率与经济增长之间的动态相关性做了经典刻画：在各国工业化过程中，随着工业固定资产投资的快速增长，人均收入的提高，产业结构的变动，投资率呈现一个先由低到高，再从高到低并趋于稳定的"马鞍形"演变过程。工业化相伴随的城市化进程中，大量农村人口移居城市，城市基础设施和住房建设所需投资逐渐增大，经过一段时间之后会趋于下降，最终稳定下来。城市建设投资变动趋势亦是"马鞍"形的。这两个"马鞍"形叠加，使得投资率呈现出更为明显的"马鞍"形变化轨迹。

比照发达经济体的经验（见表 4-2），本书认为我国投资率在 2030 年之前达到转折点的可能性不大。由此来看，从宏观层面来看，我国并不存在"过度"投资问题，因而宏观层面的产能过剩风险很小。那么现实中的产能过剩风险可能主要是由于投资在时间和空间上的分布不合理以及投资来源结构的不合理造成的。

表 4-2　典型国家转折点的投资率与人均 GDP

国家	转折点投资率/%	转折点人均 GDP（1964 年美元价）	国家	转折点投资率/%	转折点人均 GDP（1964 年美元价）
澳大利亚	33.01	2 522.44	以色列	27.87	2 337.5
奥地利	30.47	2 878.71	意大利	26.03	3 065.74
加拿大	26.39	2 876.98	日本	37.89	2 743.35
丹麦	26.31	4 163.4	韩国	38.7	1 623.51
芬兰	34.39	3 287.89	新西兰	26.59	2 984.86
法国	26.57	3 306.74	挪威	34.98	4 812.76

表4-2(续)

国家	转折点投资率/%	转折点人均GDP（1964年美元价）	国家	转折点投资率/%	转折点人均GDP（1964年美元价）
德国	30.06	2 133.5	新加坡	46.86	2 146.28
希腊	39.05	1 665.42	美国	20.81	4 940.17
冰岛	32.75	3 660.7	——	——	——

数据来源：自林岗，王裕雄，吴崇宇，等. 2010—2030年中国经济增长基本条件研究［M］.北京：经济科学出版社，2015.

2. 投资与消费关系

马尔萨斯曾指出如果增大的供给量没有与之相适应的需求增加，生产最终将受到限制。马尔萨斯强调了积累与消费之间保持合理比例的重要性，认为有效需求不足会导致普遍的生产过剩。闻潜（2006）在分析我国的投资率和消费率的关系时，指出我国过高的投资率和过低的消费率会造成供给过剩从而转化为产能过剩。

在国民收入一定的情况下，投资和消费存在着此消彼长的关系。尽管投资本质上是为了扩大未来的消费，但投资比重过大，必然损害现期消费。若投资率过低，又难以促进和维持经济的快速发展。因此，闻潜（2006）提到的产能过剩的宏观投资成因本质上是强调了投资率与消费率要保持协调。两者关系失调的其中一个原因就是过高的投资率造成了产能过剩风险。从这个角度考察，对于工业整体的产能过剩风险表达我们可以考虑投资率与消费率的比率。投资率通常是指总投资占当年GDP的比率，消费率是指最终消费（用于居民个人消费和社会消费的总额）占当年GDP的比率。两者均为年度数据，相比之后时间上的领先、同步和滞后关系，由于对比而出现一定程度的扭曲，不适合用于产能过剩风险预警的分析。

3. 投资的时间分布、产业分布结构与产能过剩风险形成

投资的时间分布是否合理是指投资增长的速度是否同经济增长速度相适应。投资和经济的增长都是一个动态连续的过程，不仅是因为投资的规模与水平影响经济增长，投资增长的速度同样也影响经济增长的速度和状态。在经济增长较慢的时间，如果投资增长过快就会破坏供求关系的动态平衡，从而引发产能过剩风险。

第二节　产能失衡风险预警指标体系构建

产能均衡变动的影响因素分析表明，宏观经济周期变化、经济政策的不确定性以及各种要素和政策信息在产业间的传导都可能使得产能均衡变动超越其合理变动范围，从而造成失衡；而如 2008 年国际金融危机等负向冲击因素的叠加，则会加重以产能过剩为主要表现的产能失衡程度，甚至改变某些因素的影响机制、改变产业间传导的微观结构基础。从产能均衡变动的影响因素中进行挖掘，与可观测指标相对应，构建产能失衡风险预警指标体系，进行风险预警具有重要的实际价值。

一、产能失衡风险预警指标体系

根据前述产能均衡变动市场和非市场影响因素的深入分析，构建产能失衡风险预警指标体系，表 4-3 给出了具体指标、数据频率、数据来源与计算方法。

表 4-3　产能失衡风险预警指标体系

影响因素	具体指标	数据频率	数据来源与计算方法
产业特征	企业数量累计同比增速	年度，月度	公布数据
产业间传导	货运量累计同比增速	年度，月度	公布数据
	货物周转量累计同比增速	年度，月度	公布数据
	批发和零售业商品销售额增长率	年度	公布数据
	建筑业总产值增长率	年度	公布数据
	交通运输、仓储和邮政业固定资产投资完成额（不含农户）增长率	年度、月度	公布数据
	批发和零售业固定资产投资完成额（不含农户）增长率	年度、月度	公布数据
	信息传输、软件和信息技术服务业固定资产投资完成额（不含农户）增长率	年度、月度	公布数据

表4-3(续)

影响因素	具体指标	数据频率	数据来源与计算方法
产业间传导	批发和零售业新增固定资产（不含农户）增长率	年度	公布数据
	交通运输、仓储和邮政业新增固定资产（不含农户）增长率	年度	公布数据
	信息传输、软件和信息技术服务业新增固定资产（不含农户）增长率	年度	公布数据
货币政策与金融支持	货币供应量（M1）同比增长率	月度	公布数据
	货币和准货币供应量(M2)同比增长率	月度	公布数据
宏观政策不确定性	经济政策不确定性指数（EPU 指数）	月度	公布数据
投资	固定资本形成比重增减量	年度	公布数据
	固定资产完成额增长率	年度、月度	公布数据
	工业新增固定资产增长率	年度	公布数据
大类行业加成指标	重要关联行业价格指数、需求和投资	月度	公布数据
	固定资产投资时间相对增速	月度	$gft_{it} = FI_{it} / \overline{FI_t}$
	固定资产投资结构相对增速	月度	$gfi_{it} = FI_{it} / \overline{FI_i}$

注：①公布数据直接来源于国家统计局和中经网统计数据库；②除大类行业加成指标外，表中预警指标针对工业整体；③重要关联行业指标根据产业间的传导特征进行选择，结果见附表5和附表6。

二、指标解释

（一）产业特征

结合前述理论分析以及数据的可得性，产业特征采用企业数量累计同比增速，用以反映产业生命周期特征。

（二）产业间传导

我们选取同工业关系密切的 10 个相关指标，其中货运量累计同比增速、货物周转量累计同比增速，交通运输、仓储和邮政业固定资产投资完成额（不含农户）增长率，交通运输、仓储和邮政业新增固定资产（不含农户）增长率四个指标旨在分析交通业的规模和投资对工业产能均衡变动的影响；交通运输、仓储和邮政业的发展是工业产能扩张的前提和基础，其投资增加间接带动工业经济发展，具有一定的预警作用；批发和零售业商品销售额增长率、批发和零售业固定资产投资完成额（不含农户）增长率、批发和零售业新增固定资产（不含农户）增长率三个指标则旨在考察批发零售业的影响；建筑业总产值增长率考察建筑业对工业产能均衡变动的预警作用，信息传输、软件和信息技术服务业固定资产投资完成额（不含农户）增长率，信息传输、软件和信息技术服务业新增固定资产（不含农户）增长率则分析信息技术业指标的预警作用。

（三）货币政策与金融支持

在关键金融变量中，利率变量有多种统计口径，存贷款基准利率数据不定期变动，同业拆借利率（CHIBOR）为日利率高频数据，噪声大，转化成月度数据则会损失大量信息。本书放弃使用利率数据，采用货币供应量（M1）期末同比增速和货币、准货币供应量（M2）期末同比增速代表金融变量分析其对工业产能失衡风险的影响。

（四）宏观政策不确定性

宏观政策不确定性选取 EPU 指数，美国 EPU 指数由新闻指数（news index）、税法法条失效指数（tax expiration index）和经济预测差值指数（economic forecaster disagreement index）三个组成部分构成。EPU 综合指数（overall index）是分项指数的加权和（董德志 等，2015）。欧洲为新闻指数，但有学者指出，虽然仅是新闻指数，因其与综合指数具有很强的相关性，EPU 新闻指数仍然具有代表性。中国经济政策不确定性指数也是新闻指数，研究组以香港南华早报（*South China Morning Post*，其内容覆盖面广，报道独立中肯，具权威性，一直是亚洲最具公信力的英文报纸之一，也是香港发行量最大的英文报纸。其对中国经济的跟踪报道非常及时、紧密）作为新闻报道检索平台，使用一种文章内容过滤标准（text filter）计算出每月符合条件的文章数占当月该报出版文章总数的比例，然后将得到的时间序列正规化为均值 100 的月度数据序列（田磊 等，2016）。

（五）大类行业加成指标

大类行业加成指标指的是对大类行业进行失衡风险预警分析需要考虑增加的指标，包括重要关联行业的价格、需求和投资指标以及固定资产投资相对增速。重要关联行业由附表 5 和附表 6 给出，价格、需求和投资直接采用关联行业的公布数据。

林毅夫等（2010）曾指出，企业可能出于良好的预期而出现大规模投资的"潮涌现象"，从而引发产能过剩。这种由投资层面引发的产能过剩，在投资拉动快速增长的发展中国家尤其重要，但却为大多数已有理论所忽视。"潮涌现象"体现在宏观统计上就是某些行业在较短时间内相对投资增长过快；

从时间上看，就是某个行业的固定资产投资增长在某个时间段超越了寻常的增长速度；从结构上看，就是某行业固定资产投资增长相对于工业整体的固定资产投资增长过快。我们可以用两个统计指标来表达"潮涌现象"。

$$\mathrm{gft}_{it} = \mathrm{FI}_{it} / \overline{\mathrm{FI}_i} \tag{4-4}$$

其中，gft_{it} 指的是 i 行业在 t 时期的固定资产投资时间相对增速，FI_{it} 指的是 i 行业在 t 时期的固定资产投资增速，$\overline{\mathrm{FI}_i}$ 指的是 i 行业固定资产投资 6 个时期（6 个月或 6 个季度，具体因数据频率而定）的移动平均增速。

$$\mathrm{gfi}_{it} = \mathrm{FI}_{it} / \overline{\mathrm{FI}_t} \tag{4-5}$$

其中，gfi_{it} 指的是 i 行业在 t 时期的固定资产投资结构相对增速，FI_{it} 指的是 i 行业在 t 时期的固定资产投资增速，$\overline{\mathrm{FI}_t}$ 指的是工业整体在 t 时期的固定资产投资增速。

三、指标筛选

备选预警指标的经济意义在前面影响因素分析中已得到充分论证[1]，用以刻画宏观经济环境、投资、产业间传导和产业特征的具体统计指标，均为国家统计局等权威机构发布数据，数据来源具有统计可靠性，除补充个别缺失值外，不需要进行重大的修订。本书对备选预警指标以 PPI 为基准变量，采用时差相关分析方法进行领先性分析，保证选出的预警指标时间上具有领先性质；剔除信息冗余指标，保证选出的预警指标不存在信息冗余问题。

（一）备选预警指标

表 4-4 显示年度预警指标和月度预警指标之间由于数据可得性等原因存在一定差别，基本分类相同，均含有货币政策与金融支持、产业间传导特征以及投资方面指标。EPU 指数由于采用平均方法转换成年度的低频数据后不再具有领先性质，因而年度数据不含 EPU 指数。

表 4-4　工业产能过剩风险预警指标备选

年度领先指标	月度领先指标
固定资本形成比重增减量	货币和准货币供应量(M2)期末同比增速
货币和准货币供应量（M2）同比增长率	货币供应量（M1）期末同比增速
建筑业总产值增长率	固定资产投资完成额累计同比增速

---

[1] 出于数据分析的考虑，本章的各个影响因素对产能均衡变动的实证分析安排在第五章的预警指标校验部分。

表4-4（续）

年度领先指标	月度领先指标
固定资产完成额增长率	经济政策不确定性指数（EPU 指数）
工业新增固定资产增长率	批发和零售业固定资产投资额累计增速
交通运输、仓储和邮政业固定资产投资完成额增长率	信息传输、计算机服务和软件业固定资产投资额累计增速
亏损企业比重增减量	交通运输、仓储和邮政业固定资产投资额累计增速
批发和零售业商品销售额增长率	—
货币（M1）供应量同比增长率	—
批发和零售业固定资产投资完成额增长率	—
产销率	—

（二）冗余信息的剔除

本章仍然遵循第三章的思路，对领先指标进行再筛选以剔除信息冗余。表4-5 和表4-6 显示各个年度和月度预警指标之间存在一定的相关性，但计算得到的信息可替代性均比较小，尽管个别变量间相关性较强，但综合来看信息冗余程度不高，因而对预警指标不做先期剔除，避免在后续分析中遗漏重要变量。

表 4-5　月度备选预警指标的 Pearson 相关系数和信息可替代性

指标	L1	L2	L3	L4	L5	L6	L7	$R_L(i)$
L1	1	—	—	—	—	—	—	0.102 8
L2	0.588 6	1	—	—	—	—	—	0.250 8
L3	−0.347 8	−0.245 2	1	—	—	—	—	0.078 5
L4	0.364	0.710 5	−0.233 9	1	—	—	—	0.163 6
L5	−0.122 4	0.524 1	−0.175 7	0.368 3	1	—	—	0.226 6
L6	0.040 3	0.342 5	−0.387 4	0.146 2	0.761	1	—	0.183 2
L7	−0.021 1	−0.448 6	0.233 1	−0.363 9	−0.569 5	−0.479	1	0.157

注：L1 为货币供应量期末同比增速；L2 为货币和准货币供应量期末同比增速；L3 为信息传输、计算机服务和软件业固定资产投资额累计增速；L4 为交通运输、仓储和邮政业固定资产投资额累计增速；L5 为批发和零售业固定资产投资额累计增速；L6 为固定资产投资完成额累计同比增速；L7 为 EPU 指数。

表 4-6　年度备选预警指标的 Pearson 相关系数和信息可替代性

指标	Ly1	Ly2	Ly3	Ly4	Ly5	Ly6	Ly7	Ly8	Ly9	Ly10	Ly11	$R_L(i)$
Ly1	1	—	—	—	—	—	—	—	—	—	—	0.099 3
Ly2	-0.286 9	1	—	—	—	—	—	—	—	—	—	0.285 8
Ly3	0.347 7	0.569 3	1	—	—	—	—	—	—	—	—	0.079 4
Ly4	0.012 4	0.558 1	0.138 1	1	—	—	—	—	—	—	—	0.276 2
Ly5	-0.492 7	0.506 8	0.100 4	-0.194 5	1	—	—	—	—	—	—	0.109 8
Ly6	-0.274 6	0.563 5	0.110 3	0.444 5	0.513 5	1	—	—	—	—	—	0.244 6
Ly7	-0.288 5	0.933 8	0.447 3	0.649 7	0.440 3	0.754 7	1	—	—	—	—	0.357 2
Ly8	0.211 7	0.456 9	0.221 9	0.534 2	0.210 2	0.795 2	0.633 6	1	—	—	—	0.185 6
Ly9	-0.234 8	0.291 7	-0.134 6	0.730 1	-0.094	0.315 8	0.444 4	0.173 4	1	—	—	0.191 2
Ly10	-0.488	0.381 5	-0.199 6	0.564 5	0.114 8	0.283 3	0.443 7	0.048 1	0.705 3	1	—	0.171 1
Ly11	-0.223 7	0.504 5	-0.003 4	0.798	-0.161 3	0.445	0.660 1	.397 1	0.622 2	0.423 2	1	0.232 5

注：Ly1 为亏损企业比重增减量；Ly2 为建筑业总产值增长率；Ly3 为批发零售业商品销售率；Ly4 为固定资本形成比重增减量；Ly5 为产销率；Ly6 为工业新增固定资产增长率；Ly7 为固定资产完成额增长率；Ly8 为批发和零售业固定资产投资完成额（不含农户）增长率；Ly9 为交通运输、仓储和邮政业固定资产投资完成额（不含农户）增长率；Ly10 为货币（M1）增长率；Ly11 为准货币（M2-M1）供应量同比增长率。

第三节　本章小结

第三章对产能均衡动态监测指数进行分析后发现，四次负向成果特征存在明显差异；全球金融危机后产能均衡变动模式发生新变化；工业产能均衡变动与宏观经济的周期协同性出现新的特点；产能均衡变动事实说明其影响因素具有多源性，且影响因素或者影响机制发生了变化；从产能均衡变动的影响因素中挖掘能够提升预警效果、具有时间领先性质的可观测构成指标，将赋予产能失衡风险预警新的研究价值。因此，本章既是产能均衡动态监测分析的延伸，也是第五章产能失衡风险预警实证分析的理论基础和前提。

具体来讲，我们分别从市场因素、非市场因素、行业间传导和投资四个方面展开讨论，详细分析其对产能均衡变动的影响。其中，市场因素方面我们考虑了经济周期变动和行业特征，行业特征分别从基本特征、产业生命周期特征和市场结构特征加以分析；非市场因素方面我们考虑了货币政策和金融支持以及经济政策不确定性；行业间传导作为前述因素产生影响的重要通道而存在，因此我们对产能过剩风险在行业间的传导机理进行了详细分析和阐释，并通过VAR granger causality 方法构建行业间传导矩阵，结合基于投入产出分析的直接消耗系数选出重要关联行业，重要关联行业固定资产投资增速是核心预警指标之一；投资方面我们详细考虑了投资的总体规模、投资与消费的关系、投资的时间分布、产业分布结构与产能过剩风险形成以及政府如何通过投资作用于产能过剩。

本书基于新的经济形势、经济特征变化提出 EPU 指数、重要关联行业固定资产投资增速和固定资产投资相对增速三方面预警指标，分别从经济政策不确定性、产业间传导和非理性投资跟风行为三方面对现有预警研究进行改善和拓展，以期提升预警效果。

第五章 产能失衡风险预警分析

第一节 转折点识别

对于产能失衡风险的预警而言，可以对其产能供给不足风险进行预警，也可以对其产能过剩风险进行预警，本书选择对产能过剩风险进行预警分析。而对产能过剩风险的预警分析也可以从两个角度进行：一个角度即产能均衡动态监测指数的负向成果；另一个角度为产能均衡动态监测指数下滑的过程。本书认为，产能失衡风险预警的宗旨在于为政策干预措施是否介入、介入的时间和介入的力度提供参考及依据，负向成果的发生意味着产能过剩已经成为事实，即使可以提前给出预警信号，但给予政策干预措施转圜的空间已经很小，并且政策干预措施亦存在效应时滞。因此，本书对产能均衡动态监测指数下滑的过程进行预警，因而需要对产能均衡动态监测指数序列的转折点进行识别，将指数序列转换为二元变量，以计算预警概率，给出产能均衡负向变动的可能性和发生高产能过剩风险的可能性。

一、转折点识别方法的改进

转折点（turning point）的识别是时间序列分析中的重要内容之一，一种研究思路是基于序列的历史值预测转折点。魏克（Wecker，1979）定义了一个峰值点，即 $Z_t = \begin{cases} 1 & \text{if } x_t > x_{t-1} \& x_t > x_{t+1} \\ 0 & \text{otherwise} \end{cases}$，并将其建立在时间序列过去值之上进行预测 $g_{n+1}, \cdots, {}_{n+k}(x_{n+1}, \cdots, x_{n+k} | x_n, x_{n-1}, \cdots, x_1)$。波迪德等（Poddig et al.，1999）在魏克的基础上给出峰值点的概率表述，即 $Z_t = \begin{cases} 1 & \text{if } x_t > x_{t+i}, \quad i = -\tau, \ -\tau+1, \cdots, \ -1, 1, \cdots, \tau-1, \tau \\ 0 & \text{otherwise} \end{cases}$，并假定其数

据生成过程为 $x_{t+1} = \beta_0 + \beta_1 x_t + \beta_2 x_{t-1} + \cdots + \beta_R x_{t-R+1} + \zeta_{t+1}$。

库吉乌姆齐斯（Kugiumtzis，2008）采用局部动态回归模型预测转折点的大小和时间，对振荡非线性系统的仿真结果表明其方法比标准的局部模型能更好地预测所有振荡时间序列的转折点，但其预测仍然建立在序列过去值之上。

另一种研究思路是采用其他变量对转折点进行预测。斯托克等（Stock et al., 1989，1993）以及马塞利诺（Marcellino，2006）均采用了该研究思路。

对于产能失衡风险预警而言，不同行业产能均衡动态监测指数的值存在巨大差异，监测指数数值预测的重要性远小于变动趋势预测的重要性。产能均衡变动情况受到众多因素的影响，单纯依赖产能均衡动态监测指数的历史值预测转折点将导致较大误差。本书沿袭斯托克（Stock）、沃森（Watson）和马塞利诺（Marcellino）的研究思路，在对转折点进行合理定义的基础上，利用第四章构建的风险预警指标对产能均衡变动进行预测。

哈丁等（Harding et al., 2002）对巴里等（Bry et al., 1971）的方法做了进一步提炼，定义了一个扩张终止序列 ETS_t 和一个衰退终止序列 RTS_t，即

$$ETS_t = \{(\Delta x_{t+1} < 0) \cap (\Delta\Delta x_{t+2} < 0)\}$$
$$RTS_t = \{(\Delta x_{t+1} > 0) \cap (\Delta\Delta x_{t+2} > 0)\} \tag{5-1}$$

前者定义了古典经济周期中一个峰值的候选点，这个候选点终止了扩张；后者定义了古典经济周期中一个谷值的候选点，这个候选点终止了衰退。

产能均衡动态监测月度指数波动频繁，高频数据的噪声影响大，峰谷值备选点的识别需要更加谨慎。首先是差分条件阶数的选择，哈丁等（Harding et al., 2002）采取了一阶差分项与二阶差分项的交集，波迪德等（Poddig et al., 1999）的定义中 τ 等于2。阶数太小，会导致模型对时间序列的较小运动过于敏感，而阶数太大，则模型会对不可接受的延迟做出响应，本书选取阶数为2。月度监测指数中大部分波动的周期较短（小于3个月），幅度较小，如果按照式（5-1）定义的扩张和衰退终止序列来判定峰谷值备选点，难以避免较小波动所造成的噪声影响，容易造成产能失衡风险判断失真，给出错误的预警信号。因此，本书在式（5-1）的基础上叠加两个约束条件，对 H-P 算法加以改进。

其次，要求 $\Delta CRI_t > \overline{|\Delta CRI|}$，旨在过滤掉小于均值的下滑（上升），也就是较小的过剩风险波动。就产能均衡监测指数的转折点识别而言，叠加该约束条件的合理性在于：如果较小的监测指数变动完全来自随机因素，舍弃的操作可以避免随机因素的干扰；如果较小的监测指数变动部分来自随机因素，部分来自非随机因素，或者完全来自非随机因素，但由于其幅度很小，可以认为

对指数整体变动作用很小，舍弃的代价相对较小。

最后，因 CRI_t 围绕其均值上下波动，从而谷值的备选点应该小于 $\overline{CRI}$，而峰值的备选点应该大于 $\overline{CRI}$，由此得到峰谷值的备选点（见表 5-2 和图 5-2）。叠加该条件的目的在于过滤到那些尽管变动值较大，但没有发生本质改变的指数变动，保证识别得到的由峰到谷的下滑过程，或者由谷到峰的上升过程穿越均值线，是监测指数发生了根本改变的过程。监测指数的下滑过程就是产能过剩风险增大的过程；反之，则是减小的过程。

改进后的 H-P 算法表述如下：

$$
\begin{cases}
PC_t = \left[(\Delta CRI_{t+1} < 0) \cap (\Delta\Delta CRI_{t+2} < 0) \right] \\
\Delta CRI_t > \overline{|\Delta CRI|} \\
PC_t > \overline{CRI}
\end{cases}
$$

$$
\begin{cases}
TC_t = \left[(\Delta CRI_{t+1} > 0) \cap (\Delta\Delta CRI_{t+2} > 0) \right] \\
\Delta CRI_t > \overline{|\Delta CRI|} \\
TC_t < \overline{CRI}
\end{cases}
\tag{5-2}
$$

式（5-2）中，PC_t 为峰值的备选点（peak candidates），TC_t 为谷值的备选点（trough candidates）。两个约束条件叠加了对扩张和衰退终止序列定义的深度或幅度限制，将大的波动分离，避免噪声的干扰，同时强调了扩张和衰退终止定义的根本变化特征，从而使产能过剩风险识别过程更加稳健，更加符合本书的研究宗旨。

以 2007 年 1 月至 2017 年 12 月 PPI 为例，图 5-1 显示改进后的 H-P 识别方法相比改进前的 H-P 识别方法的效果，过滤掉小的波动，同时间段峰值备选点数量减少，降低了主观选点难度又不失灵活性。由图 5-1 可知，对于波动频繁的监测指数序列，改进后的 H-P 方法①优势更加明显。

---

① 尽管对 H-P 识别方法进行改进，但后续分析依然沿用 H-P 称谓。

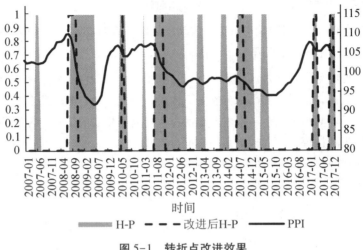

图 5-1　转折点改进效果

二、转折点的识别

对产能失衡风险的预警要么研究监测指数由峰值到谷值的下滑过程，要么研究监测指数由谷值到峰值的上升过程，本书选择更符合现实需求下滑过程作为研究对象，根据改进后的 H-P 算法，这是一个由不过剩到过剩的过程，也就是产能过剩风险逐步增大的过程，令符合要求的时间点为 1，其余时间点为 0，即可将监测指数转换成一个二元变量，用来刻画产能过剩风险增大和减小的两种状态。后续内容中的产能失衡风险即产能过剩风险增大过程。

工业产能均衡年度监测指数数据变动周期和幅度均较小，峰谷值的识别仍然依据式（5-1），得到的峰谷值备选年份结果见表 5-1。

表 5-1　工业产能均衡变动峰谷备选年份及峰谷差

峰值(产能过剩风险最小)	谷值(产能过剩风险最大)	峰谷差(平均峰谷差 0.485 1)
1992 年	1995 年	0.798 5
1997 年	1998 年	0.230 6
2000 年	2001 年	1.498 9
2003 年	2005 年	0.214 0
2007 年	2008 年	1.565 0
2010 年	2012 年	1.239 6

由表 5-1 可知，1997—1998 年峰谷落差为 0.230 6，2003—2005 年峰谷落差为 0.214 0，小于平均峰谷差 0.485 1。监测指数下滑较小时，政策干预带来的正面效应较小，而干预成本和代价可能是巨大的，从而政策干预经济意义和意愿较小，因此在预警分析时不考虑 1997—1998 年和 2003—2005 年两个时间段。

表 5-2 是对月度数据分析得到的工业产能均衡变动峰谷备选点及持续时间，较年度数据而言，持续时间表达更精准，对周期变动的基本判断一致。图 5-2 是转折点识别分析结果的直观呈现。

表 5-2　工业产能均衡变动峰谷备选点及持续时间（月度）

峰值备选点		谷值备选点		产能过剩风险时段	持续时间
年	月	年	月		
2001	6	2001	8	2001.6—2001.8	3
2003	2，8，12	2003	5	2003.2—2003.5	4
2004	2，10	2004	8	2003.12—2004.8	9
2006	1，10	2005	1，7，10	2004.10—2005.1	4
2007	4，12	2006	11	2006.10—2007.3	6
2008	4	2007	3	2007.12—2008.12	13
2009	12	2008	5，12	2009.12—2010.8	9
2010	5	2009	2	2011.2—2012.2	13
2011	2	2010	8	2016.12—2017.5	6
2014	5	2011	1，5	—	—
2015	10	2012	2	—	—
2016	2，5，12	2013	11	—	—
2017	7	2017	5	—	—

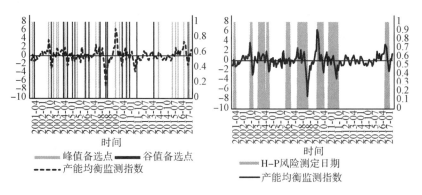

图 5-2　H-P 峰谷值测定结果

第二节　预警指标的校验

我们在第四章的基础上，从两个角度来对各个备选预警指标的贡献进行考察，既是对第四章影响因素理论分析中得到的预警指标的实证分析和校验，又是二度筛选，以得到最符合研究宗旨的指标集。

第一个角度是将产能均衡变动作为连续变量来看待，月度数据分别用月度监测指数3期差分（$CRI_{t+3} - CRI_t$）和6期差分（$CRI_{t+6} - CRI_t$）作为被解释变量，年度数据用年度监测指数1期差分（$CRI_{t+1} - CRI_t$）作为被解释变量；基于逐步回归方法考察各个备选预警指标及其滞后值[1]对被解释变量的影响。变量是否被保留由其边际解释力度而定，对工业整体和所有大类行业数据重复该过程直到我们的备选列表里留下一个小的最符合研究目的的变量集。

第二个角度是将 H-P 识别方法得到的二分变量作为被解释变量，采用 Probit 模型检验各个备选预警指标及其滞后值的边际解释能力，从而得到一个最符合研究目的的变量集。

以 $CRI_{t+1} - CRI_t$ 为被解释变量，逐步回归结果得到的变量集包括货币供应量（M1）同比增长率，亏损企业比重增减量（Loss1），批发和零售业固定资产投资完成额（不含农户）增长率（Wholesale-invest），交通运输、仓储和邮政业固定资产投资完成额（不含农户）增长率（Traffic-invest），固定资产完成额增长率（Investment），工业新增固定资产增长率（New-invest），固定资本形成比重增减量（Capital），产销率（Sale rate）（见表5-3）。

表5-3　年度预警指标校验结果

Variables	$CRI_{t+1} - CRI_t$	P-HP
M1	0.029 0 **	—
Loss1	−0.145 **	—
Wholesale-invest	0.056 5 **	—
Traffic-invest	0.030 8 **	—
Investment	−0.109 ***	0.313 **

---

[1] 由于年度数据模型样本量较小，滞后值的增加损失自由度，所以滞后值只在月度数据模型中考虑，并根据 AIC 准则选取滞后值。

表5-3(续)

Variables	$CRI_{t+1} - CRI_t$	P-HP
New-invest	$-0.082\ 3^{***}$	-0.162^{**}
Capital	0.301^{**}	-0.882^{*}
Sale rate	3.217^{***}	—
Constant	-313.3^{***}	-2.859^{*}
Observations	12	18
R^2	0.991	—

注：①*** $P<0.01$，** $P<0.05$，* $P<0.1$；②P-HP 指的是根据改进后的 H-P 转折点识别方法计算得到的二元变量。

我们将按照 H-P 算法得到的四个年度监测指数下滑（产能过剩风险增加）时段赋值为1，其余时段赋值为0，将年度监测指数转化为二元变量，以该二元变量为被解释变量，备选预警指标为解释变量，采用 Probit 模型①检验各个备选领先指标的边际解释能力，从而筛选得到的变量集仅包含固定资产完成额增长率（Investment）、工业新增固定资产增长率（New-invest）、固定资本形成比重增减量（Capital）三个指标（见表5-3）。

月度预警指标的校验结果见表5-4，分别以月度产能均衡动态监测指数3期差分（$CRI_{t+3} - CRI_t$）和6期差分（$CRI_{t+6} - CRI_t$）作为被解释变量，筛选得到的变量集包括货币供应量（M1）期末同比增速，批发和零售业固定资产投资额累计增速，固定资产投资完成额累计同比增速，信息传输、计算机服务和软件业固定资产投资额累计增速，基于该变量集编制预警指数。

表5-4　月度预警指标校验结果

Variables	$CRI_{t+6} - CRI_t$	$CRI_{t+3} - CRI_t$	P-classic	P-HP
epu	—	—	$0.006\ 21^{***}$	$0.004\ 83^{***}$
M1	0.111^{***}	$0.061\ 6^{***}$	-0.27^{***}	$0.094\ 3^{***}$
M2	—	—	0.413^{***}	—
Industry-invest	$-0.031\ 8$	$-0.027\ 4^{*}$	$0.052\ 4^{**}$	0.143^{***}
Wholesale-invest	$0.044\ 4^{***}$	$0.032\ 7^{**}$	$-0.029\ 7^{*}$	$-0.043\ 5^{**}$
Traffic-invest	—	—	—	$-0.032\ 8^{**}$

---

① Probit 模型：3σ。

表5-4(续)

Variables	$CRI_{t+6} - CRI_t$	$CRI_{t+3} - CRI_t$	P-classic	P-HP
Information-invest	0.019 1*	0.021 7**	0.035 41***	—
Constant	−2.496***	−1.548***	−6.225***	−4.368***
Observations	165	165	165	165
R^2	0.146	0.087	—	—

注：①*** $P<0.01$，** $P<0.05$，* $P<0.1$；②以指数差分项为被解释变量的预警指标筛选以多元线性模型为核进行逐步回归；③以 H-P 和古典风险识别转换成的二元变量为被解释变量以Probit 模型为核进行逐步回归。

以二元变量为被解释变量筛选得到的变量集包括 EPU 指数，M1，M2，固定资产投资完成额累计同比增速，批发和零售业固定资产投资额累计增速，交通运输、仓储和邮政业固定资产投资额累计增速以及信息传输、计算机服务和软件业固定资产投资额累计增速。预警指标的校验分析从实证角度再次肯定了预警指标体系设计的合理性。

第三节　产能失衡风险预警及效果评估

对于预警指数的编制我们仍然采取与第三章相同的方法，年度预警指数编制采用合成指数方法，而月度预警指数编制则是采用扩散指数和 Stock-Watson 指数方法。

一、我国年度工业产能失衡风险预警及效果评估

按照上节预警指标筛选结果，年度预警指数是由以 $CRI_{t+1} - CRI_t$ 为被解释变量筛选得到的变量集编制的指数。

从图 5-3 可以发现，预警指数 1993 年出现下滑，就 1994—1998 年工业监测指数的负向成果发生而言，提前一年给出下滑信号。预警指数 1999 年出现下滑，比 2001 年的负向成果发生提前两年时间。2008 年监测指数的下滑主要由于全球金融危机的负向冲击影响，带有外源性特征，预警指数未能给出满意的预警信号。2010 年，预警指数再次下滑，相比监测指数提前一年，年度预警指数具有基本良好的预警表现。

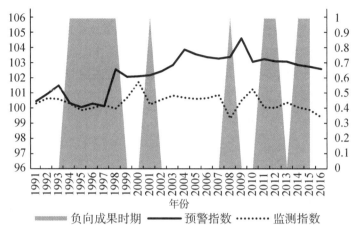

图 5-3　工业年度预警指数与监测指数

二、我国月度工业产能失衡风险预警及效果评估

（一）预警指数及预警效果评估

图 5-4 是利用扩散指数编制得到的预警指数，右图仍然是五项移动平均值，第三章扩散指数编制的监测指数显示 2008 年 4 月—2009 年 4 月我国工业产能过剩风险增大，预警指数显示 2007 年 11 月—2008 年 6 月超半数指标下滑，比监测指数领先 6 个月。对于 2010 年 6 月—2012 年 9 月的风险增大过程，预警指数显示 2009 年 9 月—2010 年 10 月超半数指标下滑，比监测指数领先近 10 个月。而对于第三次过剩风险增大，预警指数与监测指数时期基本重合，没能提供较领先的预警信号。

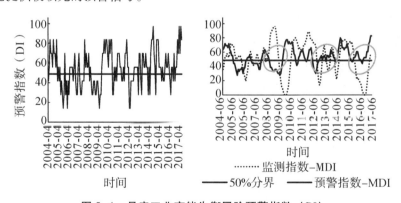

图 5-4　月度工业产能失衡风险预警指数（DI）

对于高频的月度数据（图 5-5），很难通过像年度预警那样简单的规则以及结合预测转折点的方式来评估月度预警指数的预警性能。使用时差相关分析对产能失衡风险预警指数（Stock-Watson 编制方法）和产能均衡监测指数在时间上的领先、同步和滞后关系进行分析，可以侧面反映产能失衡风险预警指数的预警效果。时差相关分析结果显示预警指数较监测指数领先 4 期，相关系数为 0.534 3（在 0.05 水平上显著）。

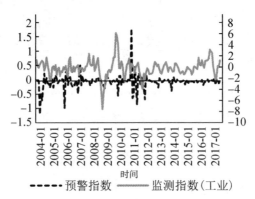

图 5-5　月度工业产能失衡风险预警及监测指数（Stock-Watson）

时差相关分析结果指出了预警指数的领先特征。本书对预警指数与监测指数 CRI_t 以及其差分变量 $CRI_{t+6} - CRI_t$ 和 $CRI_{t+3} - CRI_t$ 进行格兰杰因果关系检验，结果显示预警指数是 CRI_t（在 0.1 水平上显著）、$CRI_{t+6} - CRI_t$（在 0.01 水平上显著）和 $CRI_{t+3} - CRI_t$（在 0.01 水平上显著）的格兰杰原因，进一步肯定了预警指数对工业产能失衡风险的可预测性。

（二）预警概率及预警效果评估

下面的预警概率通过 Markov 区制转换模型和 Probit 模型计算得到，Markov 区制转换模型以预警指数为基础计算而得，设置两个区制，1 为产能过剩，2 为产能非过剩。Probit 模型以 H-P 识别结果转换成的二元变量为被解释变量计算得到。另外，我们以阴影部分对产能均衡动态监测指数下滑，即对过剩风险增大时段（H-P 识别结果）进行标识。

对产能过剩风险进行政策干预的根本目的在于减小过剩风险和过剩程度，防止产能过剩风险逐步发展成为系统性的宏观经济风险，而不在于实现产能的绝对均衡。因此，不同于产能均衡变动监测，对于产能过剩风险的预警而言，重要的不再是产能过剩风险发生在哪个时段，而是产能过剩风险由低向高的转折点发生的时间（监测指数下滑），所以我们以 H-P 识别结果作为被解释变量。

产能过剩风险减弱和增大过程并不对称，伍德里奇（Wooldridge）认为正确预测百分比和综合正确预测百分比相对 0.5 更为合理，因而本书的阈值概率根据 H-P 风险识别结果计算产能过剩风险增大时段所占比例作为高风险阈值，该阈值为 0.35，远小于 0.5。

从图 5-6 的直观结果来看，Probit 模型计算得到风险预警概率预警效果好于 Markov 区制转换模型计算得到的预警概率。

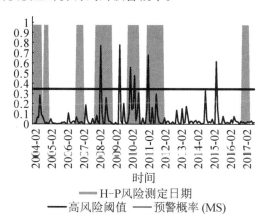

H-P风险测定日期
高风险阈值 —— 预警概率（MS）

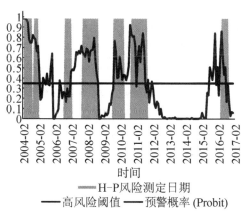

H-P风险测定日期
高风险阈值 —— 预警概率（Probit）

图 5-6　两种产能过剩风险预警概率比较

为准确评估风险预警概率的预警性能，本书借鉴了迪博尔德等（Diebold et al.，1989）定义的一个预警准确性评估指标 QPS，即

$$QPS = \frac{1}{T} \sum_{t=1}^{T} 2 \left(P_t - R_t \right)^2 \tag{5-3}$$

其中，R_t 为目标变量，在本书中指的是根据 H-P 测定日期转换成的二分变量，P_t 为风险预警概率。QPS 的取值范围是 0~2，当 QPS 为 0 时，意味着风险预警

完全准确。MS 预警概率的 QPS 值为 0.601 3，Probit 预警概率的 QPS 值为 0.279 8。

$$\mathrm{LPS} = -\frac{1}{T} \sum_{t=1}^{T} \left[(1 - R_t) \ln(1 - P_t) + R_t \ln P_t \right] \tag{5-4}$$

其中，LPS 是对应于 QPS 的损失函数，对于大的预测误差 LPS 赋予更高的权重，最终得到一个对数概率得分。LPS 取值范围是 $[0, \infty]$，MS 预警概率的 LPS 值为 1.219 7，Probit 预警概率的 LPS 值为 0.413 4。Probit 模型计算得到的预警概率 QPS 和 LPS 最小，效果最好。

本书也对 MS 预警概率和 Probit 预警概率的超前预警能力进行评估，分别计算 $\mathrm{QPS}(R_{t+k}, P_t)$，当 $k = 1$ 时，QPS 分别为 0.600 7 和 0.261 8；当 $k = 2$ 时，QPS 分别为 0.598 9 和 0.261 3；当 $k = 3$ 时，QPS 分别为 0.575 8 和 0.280 3；而当 k 超过 3 之后，QPS 值开始上升，也就是说，MS 预警概率领先风险测定 3 期时，预警效果达到最好，而 Probit 预警概率领先风险测定 2 期时，预警效果达到最好。Probit 预警概率相比 MS 预警概率预警效果好，但领先时期稍短。

另外，按照 H-P 算法给出的峰谷值备选点，2016 年 12 月—2017 年 5 月有一次产能过剩风险增大的过程，只有 Probit 模型计算的预警概率给出预警信号，因而后面章节的分行业风险预警概率均采用 Probit 模型计算。

（三）预警指标的边际效应分析

在预警指标中，EPU 指数、M1、工业固定资产投资、交通运输业和批发零售业投资对被解释变量均有显著影响。EPU 指数、M1 和工业固定资产投资边际效应为正（见表 5-5），表明经济政策不确定性的增加、货币供应量速度的增加以及工业固定资产投资加速都将导致产能过剩风险增大，而交通运输业和批发零售业投资边际效应为负，是弱化产能过剩风险的重要因素。

表 5-5　预警指标的边际效应

预警变量	边际效应	标准误差（Std. Error）
epu	0.226 7***	0.080 6
M1	0.027 2***	0.006 8
Traffic-invest	−0.009***	0.004
Invest-industry	0.043 6**	0.007
Wholesale-invest	−0.015 8***	0.004 85

注：*** 表示 $P<0.01$，** 表示 $P<0.05$，* 表示 $P<0.1$。

图 5-7 中，所有预警概率均采用 Probit 模型计算，全指标预警概率的解释变量构成中包含 EPU 指数、M1、工业固定资产投资、交通运输业和批发零售业投资。只含有工业固定资产投资增速的预警概率的 QPS 和 LPS 值分别为 0.391 9 和 0.578 4，高于全指标预警概率的 0.279 8 和 0.413 4。由此证实，EPU 指数、M1 和行业间传导指标提高了预警有效性。

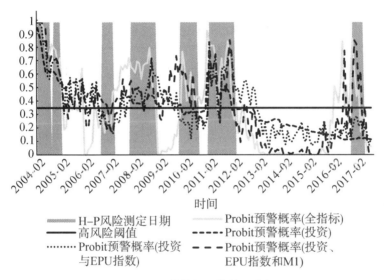

图 5-7　预警指标预警效果分析

我们通过 Probit 模型对 2017 年 10 月—2017 年 12 月过剩风险概率进行外推计算，结果分别为 0.112 8、0.015 0 和 0.059 4，均小于 0.35，认为不存在高的产能过剩风险；2017 年 10 月—2017 年 12 月工业经济现实表现良好，产能利用率较前一季度提高 1.2 个百分点，工业企业主要经济指标均处于回升状态。由此证实，建立的预警模型短期样本外预测效果良好。

第四节　本章小结

我国工业产能失衡风险来源的多样性、复杂性以及波动的阶段性决定了进行准确预警研究存在极大难度。预警效果的好坏取决于两个方面：一是对预警对象的精确数量刻画；二是科学合理的预警指标。第四章已经构建出理论上有意义、无信息冗余的领先指标体系，本章以其为基础进行了失衡风险预警分析。本章预警指数的编制仍然采用 Stock－Watson 指数，预警概率的计算采用

Probit 模型和 Markov-Switching 模型，并分析各预警指标的边际效应，对预警效果进行了评估。

本章首先针对产能过剩风险预警问题研究普遍存在的忽略统计指标的性质与功能、重预警方法的使用轻预警指标选择、缺乏对预警结果的评估等问题进行改进，仔细甄别和筛选预警变量，采用风险预警指数与风险预警概率相结合的方法进行预警。

其次，针对之前研究成果存在的问题以及工业产能失衡风险预警研究的特殊性，本书在第四章预警指标的筛选基础上，分别以监测指数 CRI_t 的 3 期差分变量、6 期差分变量和 H-P 转折点识别转化成的二元变量为被解释变量建立多元线性模型和 Probit 模型对具有前述良好性质的预警指标体系各成分指标进行校验，最终得到对产能失衡风险预警效果最好的统计指标。

再次，通过扩散指数和 Stock-Watson 指数编制得到风险预警指数，采用 Markov 区制转换模型和 Probit 模型计算得到风险预警概率。

最后，对风险预警指数和风险预警概率的预警性能进行评估，得到的结果说明在预警指标中增加能够代表政策不确定性和产业间传导的变量对于我国工业产能过剩风险预警具有重要作用。

第六章　典型行业产能均衡动态监测及失衡风险预警

第一节　典型行业的选择

《国务院关于加快推进产能过剩行业结构调整的通知》指出，钢铁、电解铝、电石、铁合金、焦炭、汽车等行业产能已经出现明显过剩；水泥、煤炭、电力、纺织等行业目前虽然产需基本平衡，但在建规模很大，也潜藏着产能过剩问题。《国务院批转发展改革委等部门关于抑制部分行业产能过剩和重复建设引导产业健康发展若干意见的通知》重点指出，产业过剩产业包括钢铁、水泥、平板玻璃、煤化工、多晶硅和风电设备，另外电解铝、造船、大豆压榨等行业产能过剩矛盾也十分突出。《国务院关于化解产能严重过剩矛盾的指导意见》指出，传统制造业产能普遍过剩，特别是钢铁、水泥、电解铝等高消耗、高排放行业尤为突出；此外，钢铁、电解铝、船舶等行业利润大幅下滑，企业普遍经营困难，且产能严重过剩行业仍有一批在建、拟建项目，产能过剩呈加剧之势。

政府文件中一再提及的存在产能过剩和潜在产能过剩的行业包括钢铁、水泥、电解铝、平板玻璃、焦炭、煤化工、汽车和船舶制造。根据行业分类标准的大致归属，我们选择产能过剩产品所在产业及其相关重要原材料行业作为主要分析对象，包括煤炭开采和洗选业（B06），黑色金属矿采选业（B08），有色金属矿采选业（B09），非金属矿采选业（B10），石油加工、炼焦和核燃料加工业（C25），化学原料和化学制品制造业（C26），非金属矿物制品业（C30），黑色金属冶炼和压延加工业（C31），有色金属冶炼和压延加工业（C32）以及交通运输设备制造业（C36）。另外，依照《国民经济行业分类

（GB/T 4754—2011）》，2012 年 1 月—2017 年 9 月发布的数据将交通运输设备制造业分为汽车制造业（C36-1）以及铁路、船舶、航空航天和其他运输设备制造业（C36-2）。

生活资料制造业目前未呈现明显的产能过剩特征，作为对照，我们从生活资料制造行业中选取工业销售产值和工业增加值在生活资料制造业中占比最大的两个行业，即农副食品加工业（C13）和纺织业（C17）作为典型行业。接下来，本章将按照采矿业、生活资料制造业、生产资料制造业和装备制造业的分类顺序对典型行业的产能均衡变动情况进行深入分析，依据第四章提出的预警指标体系①采用 Stock-Watson 方法编制预警指数，采用 Probit 模型计算风险预警概率。

第二节　典型行业产能均衡动态监测实证

一、产业生命周期特征分析

G-K 模型中用行业中的企业数量来描述产业生命周期变化。图 6-1 为典型大类行业的企业数量变动，其中由于自 2011 年起规模以上工业企业起点标准由原来的年主营业务收入 500 万元提高到年主营业务收入 2 000 万元，2011 年曲线出现"断崖"式下降，但并不影响对行业所处产业生命周期阶段的判断。

图 6-1（a）涉及采矿业中的煤炭开采和洗选业（B06）、黑色金属矿采选业（B08）、有色金属矿采选业（B09）、非金属矿采选业（B10）。除 B10 外，其余三个行业在 2010 年附近达到峰值，在 2014 年左右出现负增长，产业生命周期进入成熟期或者成熟后期（仅就企业数量指标而言）。另外，第四章行业特征分析中已指出大类行业所包含中类行业和小类行业的数目和宽泛程度（可称之为行业宽度）是决定该大类行业在产业关联中地位的一个重要方面，采矿业含小类（四位数代码）行业数目偏少，行业集中度较高（见第四章图 4-1）。

---

① 预警指标含 EPU 指数、M1、M2、固定资产投资增速等基本指标，另外还包括行业加成指标，含重要关联行业固定资产投资增速和固定资产投资相对增速。每个大类行业的预警指标都有所不同。

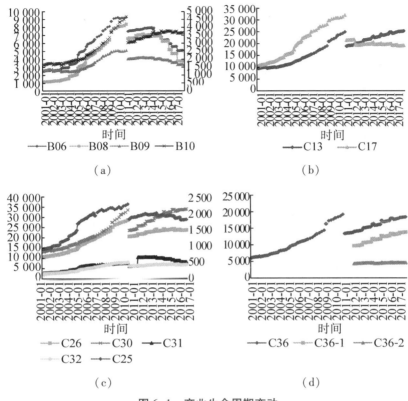

图 6-1 产业生命周期变动

图 6-1（b）涉及生活资料制造业中两个销售产值占比最大的行业农副食品加工业和纺织业，农副食品加工业处于成长期，而纺织业处于成熟期。农副食品加工业含小类（四位数代码）行业 24 个，行业集中度 75.85%（主营业务收入达 500 万元的企业中 2 000 万企业的数量所占比例）位于工业企业行业集中度的上游水平。纺织业含小类（四位数代码）行业 26 个，行业集中度 66.82%位于工业企业行业集中度的中游水平，在行业关联和行业间传导中的地位非常重要。

图 6-1（c）为生产资料制造中的五个行业，C25 和 C31 在 2014 年左右出现较明显的负增长，产业周期进入成熟期，其余三个行业没有出现明显的负增长迹象，产业仍处于不断成长中。行业集中度均较高，除石油加工、炼焦和核燃料加工业（C25）、黑色金属冶炼和压延加工业（C31）外，其余三个行业含小类（四位数代码）行业数目较大。

图 6-1（d）为装备制造业，行业处于成长期。一般特征是行业集中度相

对偏低，含小类（四位数代码）行业数目较高，交通运输设备制造业含小类（四位数代码）行业58个，行业集中度69.6%，位于工业企业行业集中度的中游水平，在行业关联和行业间传导中的地位非常重要。

行业利润增速下滑或亏损增加部分地归因于产业生命周期进入成熟阶段，当出现负向需求冲击、宏观经济下行等行业外部影响时，行业恢复能力较成长期要慢得多，因而产业生命周期进入成熟期的行业产能过剩风险持续的时间相比成长期的行业要长，波动深度更大。

二、典型行业产能均衡动态监测

（一）采矿业

图6-2给出了B06、B08、B09、B10四个行业的产能均衡动态监测结果、工业整体监测指数和3个月古典风险测定日期（阴影部分）。一般古典风险测定时长6个月，这里为了更好地比较典型行业产能过剩风险与工业整体产能过剩风险之间的差别，将6个月缩短为3个月。

可以发现，煤炭开采和洗选业（B06）与工业整体变动基本吻合，该行业产能过剩风险波动较工业整体滞后约1个月（时差相关系数为0.54）。2002年3月—2003年3月，该行业出现了较高的产能过剩风险，在此期间工业整体风险较低。2008—2009年国际金融危机期间，整体经济下行，该行业与工业整体相比，产能过剩风险较高的时间持续更长。黑色金属矿采选业（B08）的监测指数波动较工业整体要大得多，该行业产能过剩风险波动较工业整体滞后约2个月（时差相关系数为0.588）。

有色金属矿采选业（B09）和非金属矿采选业（B10）同工业整体的产能均衡变动轨迹吻合度较高，有色金属矿采选业同工业整体监测指数序列的Pearson相关系数为0.711，该行业产能均衡变动与工业整体同步。非金属矿采选业同工业整体监测指数序列的Pearson相关系数为0.6，该行业产能均衡变动较工业整体滞后约1个月（时差相关系数为0.654）。

综合来看，采矿业产能均衡变动相比工业整体变动滞后，波动幅度偏大，失衡风险相对较高。

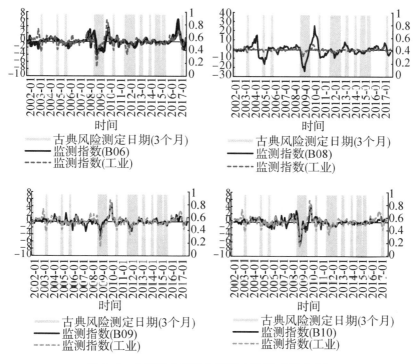

图6-2 典型行业产能均衡动态监测（采矿业）

（二）生活资料制造业

农副食品加工业（图6-3左图）与工业整体监测指数变动时间上同步，Pearson 相关系数为0.598（在0.10的水平上显著），但农副食品加工业较工业整体波动小得多。

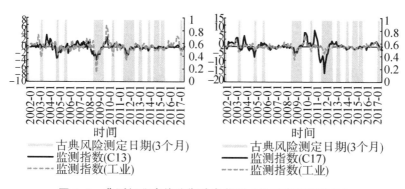

图6-3 典型行业产能均衡动态监测（生活资料制造业）

纺织业（图6-3右图）较工业整体滞后一个月（系数为0.497，在0.10的水平上显著），纺织业指数波动高于工业整体，尤其是2011年5月—2012年

5 月，纺织业有一个时间较长、幅度较大的产能过剩风险增大过程，这个风险增大过程相比工业整体的风险增大过程提前了约 4 个月，波动幅度远高于工业整体波动。

（三）生产资料制造业

可以发现，生产资料制造业各行业与工业整体产能均衡变动的吻合度更高，计算得到的石油加工、炼焦和核燃料加工业（C25）与工业整体监测指数序列的 Pearson 相关系数为 0.782，指数波动与工业整体同步（见图 6-4）。

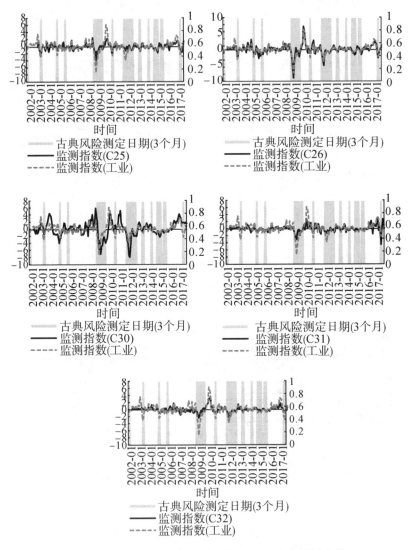

图 6-4　典型行业产能均衡动态监测（生产资料制造业）

化学原料和化学制品制造业（C26）指数序列与工业整体的 Pearson 相关系数为 0.867，是所有行业中与工业整体情况吻合程度最高的。当然从时间先后关系上看也与工业整体波动同步。

非金属矿物制品业（C30）监测指数序列与工业整体指数序列的 Pearson 相关系数为 0.548，在生产资料制造业几个典型行业中与工业整体情况吻合程度最差，从时间先后关系上看也与工业整体波动同步，可见吻合程度的差异并不是来自时滞。2002 年 7 月—11 月，非金属矿物制品业监测指数有一个持续 5 个月的高风险时段，同期工业整体监测指数为正。工业整体的监测指数在 2004 年 12 月—2005 年 2 月有一个持续 3 个月的高风险时段，深度约为最大深度的 1/3[①]，而非金属矿物制品业的高风险时段则持续了 13 个月，2004 年 4 月—2005 年 4 月，深度约为其最大深度的 56%。除此之外，2006 年 7—9 月和 2007 年 3—6 月该行业监测指数均为负值，同期工业整体监测指数为正。2014 年 4 月—2015 年 12 月，非金属矿物制品业监测指数持续 21 个月为负，尽管同期工业整体监测指数也有一段时间为负值，但深度小，持续时间短。值得指出的是，2011 年 8 月—2012 年 10 月，非金属矿制品业的产能过剩风险深度远超 2008 年国际金融危机时期。

黑色金属冶炼和压延加工业（C31）含有 4 个 4 位数代码小类行业，分别是炼铁、炼钢、钢压延加工和铁合金冶炼，亦属于近年来产能过剩风险多发行业。该行业与工业整体监测指数序列的 Pearson 相关系数为 0.635，时间先后关系上亦与工业整体波动同步。有色金属冶炼和压延加工业（C32）的监测指数序列与工业整体的 Pearson 相关系数为 0.731，时间先后关系上与工业整体波动同步。

（四）装备制造业

交通运输设备制造业（C36）（见图 6-5 左图）在《国民经济行业分类（GB/T 4754—2011）》中分成汽车制造业（C36，本书为区分记为 C36-1）以及铁路、船舶、航空航天和其他运输设备制造业（C37，本书为区分记为 C36-2），C36、C36-1 和 C36-2 可得月度数据跨度均较短，3 个行业与工业整体的 Pearson 相关系数均不显著。在时间先后顺序上，交通运输设备制造业与工业整体监测指数之间的时差相关系数也不显著，汽车制造业较工业整体滞后一个月（系数为 0.399，在 0.05 的水平上显著），铁路、船舶、航空航天和其他运输设备制造业较工业整体滞后两个月（系数为 0.468，在 0.05 的水平上显著）。

---

① 这里的深度指的是监测指数负值，最大深度即指其负值绝对值的最大者。

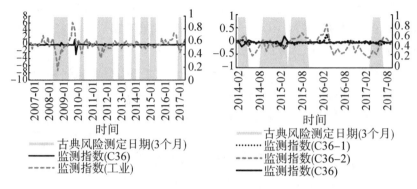

图 6-5　典型行业产能均衡动态监测（装备制造业）

图 6-5 右图显示，铁路、船舶、航空航天和其他运输设备制造业较汽车制造业的产能过剩风险波动更大（就样本期 2014 年 1 月—2017 年 9 月而言），该行业监测指数在 2016 年 4 月—2017 年 6 月长期为负，尽管深度较小。

三、典型行业过剩风险特征分析

上一节给出各典型行业的监测指数，并着重分析了大类行业同工业整体的异同。下面，我们将对典型大类行业负向成果（产能过剩）发生的次数、比例（发生率）、最长持续时间、平均持续时间、最大深度和平均深度等过剩风险特征进行分析。

产能过剩风险发生次数是指依据古典风险测定准则，连续 3 个月及以上或连续 6 个月及以上出现负向成果则记为产能过剩风险发生。连续 3 个月及以上出现负向成果记一次时，石油加工、炼焦和核燃料加工业（C25）最高，为 16 次，有色金属矿采选业、化学原料和化学制品制造业、黑色金属冶炼和压延加工业、有色金属冶炼和压延加工业次之，为 13 次。由于数据跨度较短，无论是汽车制造业、铁路、船舶、航空航天和其他运输设备制造业还是合在一起的交通设备制造业，其产能过剩风险发生次数均较少。连续 6 个月记一次时，有色金属矿采选业最高为 8 次，煤炭开采和洗选业、有色金属冶炼及压延加工业次之，为 7 次。

从过剩风险发生率（过剩风险发生时间所占比例）来看，铁路、船舶、航空航天和其他运输设备制造业，汽车制造业，有色金属冶炼和压延加工业、煤炭开采和洗选业，黑色金属矿采选业，有色金属矿采选业，纺织业和非金属矿物制品业均在 40% 以上。连续 6 个月产能过剩风险发生率也在 30% 以上。石油加工、炼焦和核燃料加工业尽管产能过剩风险发生次数最高，但平均持续时间只有 4.2 个月。连续 3 个月产能过剩风险发生率为 38.1%，连续 6 个月产能过剩风险则降为 8.5%，波动频繁，但恢复能力较强。

从平均持续时间来看，非金属矿物制品业、煤炭开采和洗选业、黑色金属矿采选业都在 8 个月以上。

最长持续时间同工业整体一致，出现在 2011—2012 年时间段的有 5 个行业，出现在 2010 年之前的有 3 个行业，出现在 2014—2015 年时间段的有 3 个行业，还有 2 个行业出现在 2004—2006 年时间段。同工业整体情况相同，最大深度出现在 2008 年 12 月的有 7 个行业，另有一个行业出现在随后的 2009 年 2 月。

典型大类行业过剩风险特征见表 6-1。

表 6-1　典型大类行业过剩风险特征

行业代码	过剩风险发生次数	过剩风险发生率/%	最长持续时间/月	平均持续时间/月	最大深度/%	平均深度/%
C17	10(6)	40(31.4)	13(2004.4—2005.4；2011.5—2012.5)	7.5	773.8(2011.12)	346.2
B09	13(8)	44.7(34)	13(2011.10—2012.10)	6.5	631.8(2008.12)	133.9
B08	9(5)	41(33.5)	16(2014.2—2015.5)	8.6	520.2(2009.2)	53.7
B06	10(7)	46.8(40.4)	17(2005.4—2006.8)	8.8	425.9(2008.12)	81.1
B10	10(4)	35.7(21.1)	15(2011.10—2012.12)	6.6	827.4(2008.12)	94.9
C32	13(7)	44.2(30.9)	13(2011.9—2012.9)	6.4	446.5(2008.12)	137.2
C36-2	4(2)	52.3(31.8)	8(2016.11—2017.6)	5.8	244(2017.3)	146.6
C30	8(5)	40(33)	21(2014.4—2015.12)	9.1	477.3(2012.1)	211.8
C36-1	3(2)	40.9(29.5)	7(2015.6—2015.12)	6	606(2015.3)	57.2
C26	13(4)	34.6(16.8)	13(2011.9—2012.9)	4.9	879.9(2008.12)	120.2
C13	11(5)	37.3(24.9)	16(2008.5—2009.8)	6.3	514.5(2008.12)	216.7
C31	13(3)	34(13.3)	11(2008.9—2009.7)	4.9	740.1(2017.5)	194.8
C36	4(2)	17.2(11.7)	9(2009.5—2010.1)	5.5	2622.2(2010.3)	45.6
C25	16(2)	38.1(8.5)	8(2014.8—2015.3)	4.2	595.8(2008.12)	102.7
工业	11(3)	31.2(21.2)	13(2011.9—2012.9)	5.4	718.1(2008.12)	123.7

注：①表中第 2 列和第 3 列括号中数值分别为连续 6 个月及以上衰退记一次而计算得到的产能过剩风险发生系数和发生率；②第 4 列括号中为时间的起止月；③第 6 列括号中为序列最低点发生时间；④表中平均深度为持续时间最大过剩所对应的平均深度。

对表 6-1 中的 6 个特征变量进行综合比对，可将典型大类行业大致分为三类：第一类包括 C17、B09、B08、B06、C36-2、C32 和 B10，均属于产能过剩风险综合最高行业，产能过剩风险发生次数平均在 9.9 次，连续 3 个月产能过剩风险发生率为 43.5%，连续 6 个月产能过剩风险发生率为 31.9%，平均持续时间为 7.2 个月，最大深度均值达 552.8%，平均深度均值为 108.6%。第二类包括 C30、C36-1、C26，产能过剩风险发生次数平均在 8 次，连续 3 个月产能过剩风险发生率为 38.3%，连续 6 个月产能过剩风险发生率为 26.4%，平均持续时间为 6.7 个月，最大深度均值达 654.4%，平均深度均值为 110%。第三类包括 C13、C31、C36、C25，产能过剩风险发生次数平均在 11 次，连续 3 个月产能过剩风险发生率为 31.6%，连续 6 个月产能过剩风险发生率为 14.6%，平均持续时间为 5.2 个月，最大深度均值达 1 118.2%，平均深度均值为 91.4%。其中，第一类所含各行业大多处于产业周期的成熟阶段，自身产能过剩风险较高，受到我国经济周期波动和国际金融危机的双重影响，过剩程度加深；第二类的 3 个行业属风险敏感行业，更易受周期性影响；第三类产能过剩风险相对较小，但受金融危机影响相对更大。

四、典型行业过剩风险协同性特征分析

工业整体产能均衡变动是采矿业、生活资料制造业、生产资料制造业、装备制造业以及电力、燃气及水的生产和供应业产能均衡变动的综合，是各个行业变动规律的共同体现，但又不同于大类行业的简单加总，因而工业整体产能过剩风险特征同大类行业的综合特征之间存在差别，意味着大类行业间的关联性和系统性特征起着重要作用。行业产能过剩风险协同性分析一是分析行业间周期的相似性，二是分析大类行业同工业整体周期的相似性，可以从侧面反映行业产能过剩风险变动的周期性原因，同时也可以发掘风险对冲的可能机遇，为合理的抑制政策找到理论依据。下面，我们将对各行业产能过剩风险变动的协同特征进行剖析。

上一节分析了不同行业产能过剩风险变动广度和深度差异，本节将分别从负向成果角度和产能过剩风险增大过程角度分析行业产能过剩风险的协同性，负向成果角度协同性基于持续时间计算。具体来讲，假定 i 行业连续 3 个月及以上负向成果持续时间总和为 T_i，j 行业连续 3 个月及以上负向成果持续时间总和为 T_j，两者重合部分为 T_{ij}，则协同系数为

$$C_{ij} = C_{ji} = \frac{2T_{ij}}{T_i + T_j} \qquad (6-1)$$

典型行业过剩风险（负向成果）协同性分析结果由表 6-2 给出，可以发现典型行业与工业整体之间以及典型行业之间危机后的协同性显著高于危机前的协同性。危机后产能过剩风险（负向成果）发生模式出现了新变化，这种新变化的出现也为政策调控带来新的机遇和挑战：一方面，行业间过剩风险发生的同步性为政策制定和实施带来便利；另一方面，也使得通过行业布局来弱

化风险的操作可行性降低。

另外，无论是在危机前还是在危机后，B06、B08、B10、C17 四个行业同工业整体的协同系数均较低，意味着这四个行业产能过剩风险发生周期同工业整体吻合度低，有着自身独特规律性，需引起政策制定者的额外关注。

表 6-2　典型行业过剩风险（负向成果）协同性分析

指标	B06	B08	B09	B10	C13	C17	C25	C26	C30	C31	C32	C36	工业
B06	1.000	0.407	0.207	0.526	0.308	0.215	0.291	0.471	0.321	0.367	0.194	0.000	0.190
B08	—	1.000	0.370	0.113	0.625	0.590	0.235	0.511	0.500	0.489	0.448	0.000	0.368
B09	—	—	1.000	0.386	0.500	0.492	0.509	0.471	0.464	0.531	0.613	0.171	0.429
B10	—	—	—	1.000	0.235	0.281	0.370	0.480	0.182	0.375	0.361	0.118	0.341
C13	—	—	—	—	1.000	0.542	0.204	0.578	0.440	0.651	0.679	0.000	0.500
C17	—	—	—	—	—	1.000	0.484	0.414	0.635	0.464	0.609	0.000	0.367
C25	—	—	—	—	—	—	1.000	0.458	0.340	0.261	0.305	0.000	0.462
C26	—	—	—	—	—	—	—	1.000	0.245	0.667	0.400	0.000	0.743
C30	—	—	—	—	—	—	—	—	1.000	0.468	0.400	0.000	0.250
C31	—	—	—	—	—	—	—	—	—	1.000	0.566	0.000	0.606
C32	—	—	—	—	—	—	—	—	—	—	1.000	0.308	0.435
C36	—	—	—	—	—	—	—	—	—	—	—	1.000	0.000
工业	—	—	—	—	—	—	—	—	—	—	—	—	1.000

指标	B06	B08	B09	B10	C13	C17	C25	C26	C30	C31	C32	C36	工业
B06	1.000	0.703	0.649	0.722	0.686	0.714	0.560	0.634	0.686	0.699	0.679	0.160	0.686
B08	—	1.000	0.636	0.622	0.592	0.725	0.559	0.574	0.612	0.583	0.549	0.176	0.612
B09	—	—	1.000	0.516	0.693	0.553	0.771	0.742	0.554	0.667	0.838	0.000	0.752
B10	—	—	—	1.000	0.548	0.571	0.456	0.625	0.833	0.634	0.523	0.296	0.667
C13	—	—	—	—	1.000	0.588	0.644	0.750	0.630	0.689	0.750	0.161	0.761
C17	—	—	—	—	—	1.000	0.525	0.568	0.588	0.554	0.607	0.073	0.612
C25	—	—	—	—	—	—	1.000	0.747	0.529	0.659	0.791	0.070	0.782
C26	—	—	—	—	—	—	—	1.000	0.682	0.744	0.826	0.138	0.932
C30	—	—	—	—	—	—	—	—	1.000	0.733	0.625	0.323	0.717
C31	—	—	—	—	—	—	—	—	—	1.000	0.766	0.167	0.822
C32	—	—	—	—	—	—	—	—	—	—	1.000	0.000	0.833
C36	—	—	—	—	—	—	—	—	—	—	—	1.000	0.161
工业	—	—	—	—	—	—	—	—	—	—	—	—	1.000

注：①交通设备制造业 C36 比较特殊，因其样本期相比其他行业短了约 6 年；②表的上半部分为危机前，下半部分为危机后。

产能过剩风险增大过程角度的协同性分析，以第五章改进后的 H-P 方法识别转换后的二元变量为核心数据，对典型行业与工业整体 H-P 周期的协同性进行分析。本书采用了杰卡德（Jaccard）、罗素—拉奥（Russell-Rao）和简单匹配（simple matching）三种测度方法。Jaccard 距离用于描述集合之间的不相似度，Jaccard 距离越大，样本相似度越低，即

$$d_j(A, B) = \frac{|A \cup B| - |A \cap B|}{|A \cup B|} = \frac{|A \cup B| - |A \cap B|}{|A| + |B| - |A \cap B|} \tag{6-2}$$

其中，A 是 1 构成的集合，代表产能过剩风险的增大，B 则是 0 构成的集合。Russell-Rao 与 simple matching 也是常用的适用于二元变量的距离测度方法。

测度结果（见表 6-3）显示，采矿业同工业整体的周期一致性较弱，生产资料制造业中的 C25 和交通运输设备制造业同工业整体的周期异质性也相对较弱，表明这些行业的产能过剩风险形成中周期性之外的因素影响程度较大。二项检验（binomial test）是关于产能过剩风险增大过程在整个过程中的比例检验，阈值为 0.5，拒绝原假设意味着该行业产能过剩风险增大的过程占比远小于 0.5。有色金属矿采选业（B09）没有拒绝原假设，则意味着该行业产能过剩风险增大过程与产能过剩风险减小过程的比例相当。黑色金属冶炼和压延加工业（C31）以及有色金属冶炼和压延加工业（C32）在 0.01 的水平上也没能拒绝原假设，表明这两个行业的产能过剩风险波动过程中增大过程所占比例相比其他行业要高一些。

表 6-3 典型行业与工业整体 H-P 周期协同性分析

指标	测度方法			
	Jaccard	Russell-Rao	simple matching	binomial test P 值
工业	0	0.642 4	0	0.000 3
B06	0.763 2	0.890 9	0.351 5	0.000 0
B08	0.649 4	0.836 4	0.303	0.000 0
B09	0.584 9	0.733 3	0.375 8	0.212 8
B10	0.725 3	0.848 5	0.4	0.000 1
C13	0.520	0.781 6	0.236	0.000 0
C17	0.761	0.866 7	0.424	0.000 0
C25	0.634 1	0.818 2	0.315 2	0.000 0
C26	0.436 6	0.757 6	0.187 9	0.000 0
C30	0.409 1	0.763 6	0.163 6	0.000 0

表6-3(续)

指标	测度方法			
	Jaccard	Russell–Rao	simple matching	binomial test P 值
C31	0.488 1	0.739 4	0.248 5	0.029 0
C32	0.505 9	0.745 5	0.260 6	0.029 0
C36	0.701 8	0.866 1	0.315	0.000 0

综合两种不同角度的协同性分析结果可以发现：①行业间过剩风险（负向成果）的协同性比过剩风险增大过程（H-P周期测定）的协同性高，说明行业产能过剩结果的相似度高于过程的相似度，可能行业特征更多地左右了其产能均衡监测指数的下滑过程；②B09、C13、C25、C26、C31和C32同工业整体协同性较高，说明这些行业过剩风险（负向成果）周期性影响更为明显。

五、产能过剩风险的行业特征成因

我们综合典型行业的产能过剩风险特征、关联特征和协同性，绘制一个简单、直观的网络图（见图6-6），以圆形的大小代表产能过剩风险发生率，以圆形与圆形之间的连线代表关联性，而连线旁的数字为行业间协同系数。可以发现，似乎关联性越强的行业其产能过剩风险发生率越高，平均协同性越高的行业其产能过剩风险发生率越高。

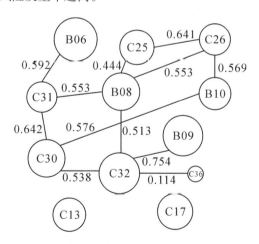

图6-6 产能过剩风险、关联与协同性关系

为了验证上述猜想，我们以3个月及以上产能过剩风险发生率为因变量，以行业间价格、需求、投资关联度[①]、平均协同系数、行业宽度（含四位数小类行业数目）、集中度和产业生命周期阶段为自变量进行回归分析加以验证。

表6-4显示价格关联度（出度）的系数为负，意味着一个对其他行业的价格影响越大的行业倾向于有着更低的产能过剩风险发生率；价格影响力越大说明该行业转嫁成本压力的渠道越通畅，成本压力能够顺利转嫁，行业自身由于产能过剩所造成的负面影响减小；而价格关联度（入度）的系数为正，说明一个行业对其他行业的价格波动越敏感，产能过剩风险越大。

表6-4　产能过剩风险的行业特征影响机制分析

自变量	产能过剩风险发生率	
	连续3个月及以上	连续6个月及以上
价格关联度（出度）	-0.937^{***}	$-0.433\,4^{*}$
价格关联度（入度）	$0.424\,6^{**}$	$0.206\,8$
需求关联度	$0.708\,5^{**}$	$0.606\,2^{*}$
投资关联度	$-0.633\,3^{*}$	$-0.244\,6$
平均协同系数	$0.012\,2^{**}$	$0.003\,8^{*}$
行业宽度	$0.059\,5$	$0.234\,1^{*}$
集中度	$0.197\,8$	$-0.230\,3$
产业生命周期阶段	$6.142\,2^{***}$	$3.779\,7^{*}$

注：*** 表示 $P<0.01$，** 表示 $P<0.05$，* 表示 $P<0.1$。

需求关联度的系数为正值，表明一个行业同其他行业的需求关联度越高，产能过剩风险越大，因为目标行业拥有高需求关联度意味着关联行业的需求不确定性累积规模大，使得目标行业的需求不确定性增大，进而促使产能过剩风险增大。

投资关联度为负值，表明一个行业同其他行业的投资关联度越高，产能过剩风险越小，也就是说，目标行业的投资决策应考虑相关行业，同相关行业投资时间结构分布保持基本一致，会大大降低由于上下游行业投资速度差异造成的产能过剩风险。行业宽度是行业关联性的另一种表达，行业宽度也即行业含4位数小类行业数目越大，自然同其他行业的关联性越强。行业宽度对连续6个月及以上产能过剩风险发生率的影响显著为正，再次说明行业关联、行业

---

① 价格关联度代表行业间的价格关联，其中出度代表行业对其他行业的显著影响，而入度代表被其他行业影响，方向不同意味着成本压力的转嫁能力不同。

间传导对产过剩风险发生的重要影响。集中度对行业产能过剩风险发生的影响均不显著，说明至少在大类行业层面，垄断程度对产能过剩风险的影响可以忽略。产业生命周期阶段的系数为正，表明产业生命周期走向成熟的行业产能过剩风险相对更大，系数为6.14个百分点。就规模来说，产业生命周期影响最大。

六、产能过剩风险发生的阶段特征分析

一直以来，学者们对于我国工业产能过剩发生阶段的判定存在较大的争议，从重要产品过剩视角和工业整体视角得到的结论自然也存在差异，本书主要是从综合产能过剩风险发生率的视角分析产能过剩风险发生的阶段性特征。我们将产能均衡动态监测指数连续3个月及以上出现负向成果（过剩风险）记为1，对工业35个大类行业进行横向汇总，得到t时刻所有大类行业中出现负向成果的行业所占比例，即综合产能过剩风险发生率，以其样本均值为阈值，阈值为34.2%，具体结果见图6-7。

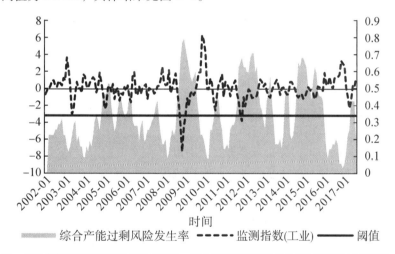

注：工业产能均衡监测指数位于左纵轴，综合产能过剩风险发生率与阈值位于右纵轴。

图6-7　综合产能过剩风险发生率

高于阈值部分可以认为综合产能过剩风险较大，由此，2002年之后我国工业产能过剩风险发生4次，主要对应于4个阶段。

第一个阶段为2004年11月—2006年5月，持续19个月（中间有短暂间隔），平均综合产能过剩风险发生率为40.5%。这一阶段工业整体监测指数的波动特点是频繁出现负向成果，但持续时间短，相对深度较低。该阶段产能过剩以采矿业、农副产品加工、食品制造、纺织业、化学原料及化工制品制造、

医药制造、金属冶炼、金属品制造和通用设备制造业为主导。

第二个阶段为 2008 年 9 月—2009 年 10 月，持续 14 个月，平均综合产能过剩风险发生率为 59.4%，2008 年 12 月和 2009 年 1 月达 80%。结合前面的分析，这一时期平均近 60% 的大类行业产能过剩，且多数行业监测指数的最大谷值点为该时段。根据古典准则，该阶段幸免的行业只有 6 个，分别是烟草制品，纺织服装、服饰业，皮革、毛皮、羽毛及其制品和制鞋业，家具制造业，印刷和记录媒介复制业以及文教、工美、体育和娱乐用品制造业。无论从广度还是深度来说，国际金融危机的影响都是极其巨大的。

第三个阶段为 2011 年 9 月—2013 年 6 月，持续 22 个月，平均综合产能过剩风险发生率为 56.7%，仅次于第二阶段，多数行业的严重产能过剩发生于该时期。根据古典准则，该阶段幸免的行业只有 5 个，分别是烟草制品，印刷和记录媒介复制业，化学纤维制造业，交通运输设备制造业以及计算机、通信和其他电子设备制造业。

第四个阶段为 2014 年 9 月—2016 年 1 月，持续 17 个月，平均综合产能过剩风险发生率为 55.8%，情况稍好于前一阶段。第三阶段和第四阶段处于危机后的恢复时期，平均的综合产能过剩风险发生率在 55% 以上。可以认为，受 2008 年国际金融危机影响，我国工业大类行业中至少有 15% 的行业由不过剩状态转为过剩状态，从侧面说明了危机的严重影响。尽管如此，但工业整体监测指数表现则是持续向好的，第三阶段相比第二阶段负向成果相对深度减小，第四阶段相比第三阶段深度进一步减小。

对比危机前后的监测指数和综合产能过剩风险发生率发现，危机后我国工业产能均衡波动特征发生了新变化：负向成果持续期延长，负向成果发生波及面扩大；危机后的三次过剩中监测指数深度逐步下降，第四次基本恢复到危机前水平，然而综合产能过剩风险发生率恢复很慢。这意味着，虽然工业整体产能均衡波动基本恢复，但行业抗冲击能力较危机前减弱，同样程度的负向冲击将造成更多行业陷入产能过剩状态。可见，过去成功的产能过剩抑制政策继续实施将难以见效，过去的政策干预模式不能再继续下去，未来的调控政策应更为精准，应拿捏好政策实施的时间和力度，在实施前应做好政策模拟和效果预评估。

综上所述，对典型大类行业产能均衡动态监测指数和产能过剩风险特征进行分析归纳可以发现：①2008 年国际金融危机输入的下行冲击力量巨大，加重了产能过剩的严重程度，衰退的广度和深度增加，我国工业大类行业中至少有 15% 的行业由不过剩状态转为过剩状态，部分行业衰退深度增加 100% 以上。由其造成的全球经济增长乏力也弱化了我国工业行业的自我恢复能力和抗冲击能力。②产业周期进入成熟期的行业产能过剩风险发生率平均为42.39%，比其他典型行业高出6~7个百分点，比工业整体高出11个百分点，在产能过剩风险第一阶段处于过剩状态的行业多数属于产业周期进入成熟阶段的行业。③行业间传导对产能过剩风险的发生影响较大，行业价格易受关联行业影响，需求关联度高而投资关联度低的行业产能过剩风险发生率高；反之，行业价格影响力高，需求关联度低，投资关联度高的行业产能过剩风险发生率较低。④2008年11月推出的进一步扩大内需、促进经济平稳较快增长的一揽子计划政策在短期内推高了宏观经济增长，但没能有效遏制产能过剩风险，反而造成产能均衡变动与宏观经济周期协同性下降，扭曲了经济信号，为宏观管理政策失效埋下隐患。⑤行业产能过剩风险具有来源多样性，表现多样性特征，抑制和防范产能过剩应针对行业产能过剩风险诱发机制和表现特征分类决策，分类实施，且不能忽视关联行业的投资、需求和价格变动，不能忽视关联行业决策；否则，政策有效性将大打折扣。

第三节　典型行业产能失衡风险预警及效果评估

一、典型行业产能失衡风险预警

监测指数的特征分析显示，不同行业过剩风险的发生、持续和严重程度存在较大差异，采用工业整体的预警指标来建构预警指数和计算预警概率难以保证预警的有效性和准确性，需要对各典型行业预警指标进行单独筛选。各典型行业备选风险预警指标相比工业整体增加了行业加成指标，包括固定资产投资相对增速以及重要关联行业的固定资产投资增速指标[①]。

典型行业预警指标的具体筛选方法同工业整体预警指标的筛选一致，即首先采用改进后的H-P方法对各典型行业监测指数的转折点进行识别，其次分别以监测指数的不同期的差分变量和H-P风险测定日期转换成的二分变量为被解释变量，建立多元线性模型和Probit模型，通过逐步回归方式筛选出预警指标，进而基于逐步回归结果编制预警指数，基于Probit模型计算预警概率。本书这里将不再罗列大类行业的预警指标筛选过程及相应结果，只给出最终编制的预警指数、预警概率和高风险阈值。

---

① 价格指数和需求在时间上不具有领先性质，因而不纳入预警指标体系。

从图 6-8 可以看到，不同行业预警指数由于成分指标的差异表现出完全不同的运行轨迹，但高风险阈值之上的预警概率轨迹同阴影部分（H-P 风险测定日期）的吻合程度较高，且高风险概率往往出现在期初，具有一定的领先性。接下来，我们将对其预警性能进行准确的测算和评估。

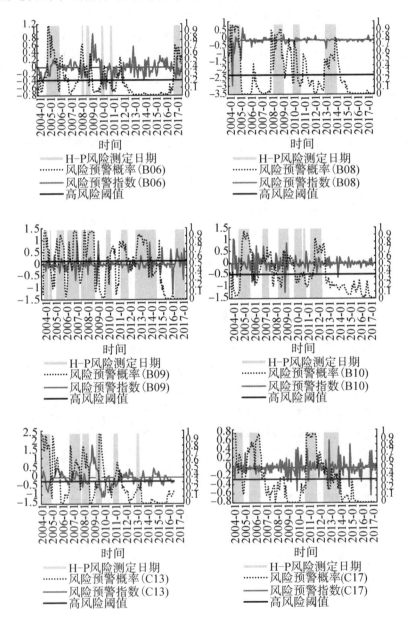

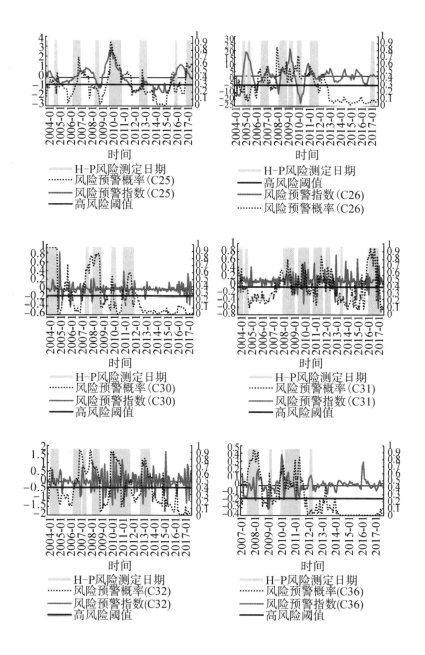

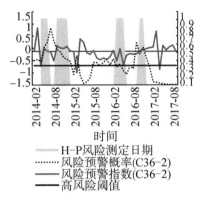

時間

───── H–P风险测定日期
‥‥‥‥ 风险预警概率(C36–2)
───── 风险预警指数(C36–2)
━━━━━ 高风险阈值

图6–8 典型行业产能过剩风险预警①

二、典型行业产能失衡风险预警效果的评估

本章仍然采用迪博尔德（Diebold）和鲁德布施（Rudebusch）提出的QPS及LPS［见第五章的式（5–3）和式（5–4）］对典型行业的预警效果进行评估。表6–5中 $QPS_{t+k}|_t$ 即 $QPS(R_{t+k}, P_t)$，$LPS_{t+k}|_t$ 即 $LPS(R_{t+k}, P_t)$。本书分别给出了 $k = 0$，1，2，3时的预警精确性和对应的损失函数计算结果。

表6–5 典型行业产能失衡风险预警效果评估②

行业代码	$QPS_t|_t$	$LPS_t|_t$	$QPS_{t+1}|_t$	$LPS_{t+1}|_t$	$QPS_{t+2}|_t$	$LPS_{t+2}|_t$	$QPS_{t+3}|_t$	$LPS_{t+3}|_t$
B06	0.222 9	0.351 8	0.216 2	0.335 0	0.231 3	0.354 0	0.249 9	0.377 3
B08	0.203 9	0.312 2	0.219 5	0.328 3	0.228	0.339 6	0.240 5	0.372 3
B09	0.415 8	2.583 6	0.445 4	2.544 6	0.500 6	2.443 9	0.571 4	2.332 3
B10	0.364 8	0.530 5	0.332 4	0.489 7	0.406 0	0.585 7	0.446 1	0.643 7
C13	0.249 1	0.381 5	0.272 9	0.424 6	0.329 9	0.503 4	0.393 1	0.609 8
C17	0.248 4	0.375 6	0.239	0.346 7	0.263 0	0.410 3	0.462 8	0.302 8
C25	0.362 2	0.532 5	0.361 7	0.531 2	0.361 6	0.529 1	0.374 3	0.543 6

---

① 在样本期2014年1月—2017年9月时间段，汽车制造业产能过剩风险变动非常平稳，因而本书只给出交通运输设备制造业（C36）以及铁路、船舶、航空航天和其他运输设备制造业（C36–2）的产能过剩风险预警。

② 铁路、船舶、航空航天和其他运输设备制造业（C36–2）的样本期较短，QPS值为0.371，因部分概率值为0，不能给出损失函数LPS，由于样本量过小，指标值可靠性低，其预警效果评估结果不放入表6–5中。

表6-5(续)

行业代码	$QPS_t\mid_t$	$LPS_t\mid_t$	$QPS_{t+1}\mid_t$	$LPS_{t+1}\mid_t$	$QPS_{t+2}\mid_t$	$LPS_{t+2}\mid_t$	$QPS_{t+3}\mid_t$	$LPS_{t+3}\mid_t$
C26	0.373 9	0.556 8	0.364 8	0.548 4	0.356 8	0.543	0.337 7	0.522 8
C30	0.203 3	0.325 0	0.202 0	0.319 5	0.208 0	0.359 6	0.234 5	0.416 2
C31	0.367 8	0.542 5	0.348 9	0.521 5	0.344 7	0.518 1	0.351 1	0.528 5
C32	0.306 7	0.491 9	0.298 3	0.476 0	0.328 4	0.513 1	0.347 5	0.518 6
C36	0.202 5	0.323 2	0.231 9	0.370 3	0.270 8	0.431 3	0.288 2	0.439 0

注：表中阴影标识的数字是领先时期不同时，表现最好的 QPS 值和 LPS 值。

由表 6-5 可知，煤炭开采和洗选业（B06）、非金属矿采选业（B10）、纺织业（C17）、非金属矿物制品业（C30）以及有色金属冶炼和压延加工业（C32）领先一期，也就是超前一个月的预警效果最佳；石油加工、炼焦和核燃料加工业（C25）以及黑色金属冶炼和压延加工业（C31）领先二期的预警效果最佳；化学原料和化学制品制造业（C26）的最佳预警效果领先三期，即 3 个月以上。

黑色金属矿采选业（B08）、农副食品加工业（C13）和交通运输设备制造业（C36）相对而言当期预警效果最好；有色金属矿采选业（B09）预警效果的评估结果最为特殊，就其精确性而言当期效果最佳，而损失缺失三期最小；尽管数值相差不大，但是有色金属矿采选业（B09）精确性指标和损失函数都相对较大，可能同该行业指标波动频繁有关。

石油加工、炼焦和核燃料加工业（C25）、非金属矿采选业（B10）以及黑色金属冶炼和压延加工业（C31）精确性及损失函数也较其他行业大，预警效果相对不佳，这同预警指标及其边际影响有着重要的关联，导致不同行业预警指标提供的辅助信息不同，影响程度也不同。未来，我们还需要进一步探索是否存在经济意义显著且预警效果更好的行业预警指标，并将其纳入预警指标体系中。

三、预警指标的边际效应分析

不同行业预警效果存在较大差异，可能源于预警指标的边际影响。本书基于 Probit 模型对各典型行业预警指标的边际效应进行分析（结果见表 6-6），以期发现预警指标对产能过剩风险增大过程的影响规律。

表 6-6　预警指标的边际效应分析

B06		B08		B09		B10		C13		C17	
预警指标	边际效应	预警指标	边际效应	预警指标	边际效应	预警指标	边际效应	预警指标	边际效应	预警指标	边际效应
epu	0.000 8 (0.000 3)	inv31	0.004 (0.001 9)	epu	-0.001 1 (0.000 6)	epu	0.000 9 (0.000 5)	inv22	0.023 1 (0.003 5)	gfi	-0.473 9 (0.122 3)
M1	0.016 (0.005 3)	gfi	0.127 5 (0.039)	M1	-0.034 4 (0.006 1)	inv30	-0.007 (0.003 4)	M1	0.016 5 (0.005 3)	M1	-0.026 9 (0.005 9)
M2	-0.031 1 (0.011 3)	M2	0.010 5 (0.005 7)	gfi	0.445 3 (0.101 2)	M2	0.029 (0.012 2)	—	—	invest	0.031 (0.005)
invest	0.010 7 (0.001 9)	invest	-0.002 9 (0.001)	invest	-0.021 1 (0.004 7)	invest	-0.012 3 (0.004 3)	—	—	—	—
inv44	-0.007 7 (0.002 4)	inv35	-0.013 7 (0.006 2)	inv33	0.006 8 (0.003 5)	gfi	0.249 9 (0.099 4)	—	—	—	—
inv31	-0.003 5 (0.002)	inv26	0.011 8 (0.005 6)	inv32	0.024 7 (0.004 4)	inv34	0.007 7 (0.004 4)	—	—	—	—
—	—	inv28	0.001 2 (0.000 7)	—	—	inv35	0.012 9 (0.003 9)	—	—	—	—
C25		C26		C30		C31		C32		C36	
预警指标	边际效应	预警指标	边际效应	预警指标	边际效应	预警指标	边际效应	预警指标	边际效应	预警指标	边际效应
gfi	-0.063 6 (0.031 2)	M2	0.022 3 (0.008)	inv31	0.034 4 (0.008 3)	epu	0.002 4 (0.000 5)	gfi	0.457 8 (0.066 1)	epu	-0.000 9 (0.000 4)
M1	0.024 6 (0.006 8)	inv40	0.01 (0.002 1)	inv32	-0.014 2 (0.006 7)	M1	0.010 9 (0.005 6)	M1	0.025 8 (0.009)	inv44	-0.019 03 (0.006 8)
M2	-0.036 9 (0.012 7)	—	—	M2	-0.027 (0.015 4)	gfi	0.196 2 (0.048 1)	M2	-0.046 6 (0.017 3)	M2	0.011 4 (0.006 4)
—	—	—	—	invest	0.016 7 (0.005 5)	—	—	—	—	inv26	0.008 6 (0.002 6)

注：①"invest"是指行业自身固定资产投资；②"inv26"是指重要关联行业投资，其行业代码为C26；③括号中的数字为标准误差。

表 6-6 中的边际效应分析结果显示，各个预警指标对不同行业产能过剩风险的边际影响不同。煤炭开采和洗选业（B06）、有色金属矿采选业（B09）、非金属矿采选业（B10）、黑色金属冶炼和压延加工业（C31）、交通运输设备制造业（C36）对 EPU 指数反应显著，但边际影响有正有负，表明不同行业对经济不确定性的响应方向不一致，行业响应方向的不一致可能会进一步增大经济不确定性；金融变量对各典型行业的影响显著且基本是正向的，表明货币供应量增速加快会使得大部分行业产能过剩风险增大；投资相对增速（gfi）的影响也大多为正，表明对于多数行业来说，投资相对过快也会增大产能过剩风

险；关联行业投资增长的影响方向也存在较大差异，影响有正有负，需要具体行业具体分析。

第四节　典型问题探讨——投资"潮涌现象"的现实表现

有学者认为，产能过剩就是"过度投资"的同义语（曹建海 等，2010）。林毅夫（2007）、林毅夫等（2010）指出，发展中国家的企业很容易对下一个有前景的产业达成共识，投资上容易出现"潮涌现象"。为了分析以"潮涌现象"为代表的非理性投资对产能过剩风险增大过程的影响，我们在第四章行业加成指标体系中特别设置了固定资产投资相对增速指标，用以衡量和刻画行业固定资产投资的非理性行为。在表6-6的边际效应分析中，各行业固定资产投资相对增速指标的边际贡献均比较大，且对多数行业影响为正，说明其过快的增长会增大产能过剩风险，有必要具体分析行业非理性的"潮涌现象"对产能过剩风险的影响程度和具体方向。

行业固定资产投资相对增速高意味着其投资相对于工业整体投资更快，进而行业产能增长，产品供给快于工业整体，相关行业的原材料需求由于投资的不同步而滞后，供求的动态平衡被暂时打破，行业产能过剩风险增大。如果消费需求增长同样缓慢，行业产能过剩风险增大过程将持续，且深度较大，直到需求增长到恢复供求的动态平衡；而如果消费需求增长较快，行业产能过剩风险增大过程将很快结束，持续时间较短，深度较小。

为了验证行业固定资产投资相对增速（记为 gfi）对产能过剩风险变动的作用，我们以大类行业 2004 年 1 月—2017 年 9 月的面板数据为样本，分别以产能均衡动态监测指数以及 H-P 风险测定日期为被解释变量建立固定效应面板模型和面板 Probit 模型，估计结果见表6-7。

表6-7中的模型 I 和模型 II 均以产能均衡动态监测指数 CRI_t 为被解释变量，模型 I 为固定效应模型（事实上在该例中的固定效应和随机效应模型并不具有显著差别），豪斯曼（Hausman）检验值为 1.9（0.167 7），模型 II 则考虑了行业个体效应。固定资产投资相对增速系数为 -0.217，与产能均衡动态监测指数呈反向关系，证实了行业投资"潮涌现象"会增大产能过剩风险，除纺织业外，行业个体效应在 0.1 的水平上全部显著。

表 6-7　行业固定资产投资相对增速的影响分析

| 指标 | I | II | III | IV | V | VI |
	CRI$_t$	CRI$_t$	H-P	H-P	CRI$_t$	H-P
gfi	−0.217 ***	−0.217 ***	0.149 ***	0.153 **	−0.310 ***	−0.021 9
B08	—	−0.109 ***	—	0.096 0 **	—	—
B09	—	0.066 6 *	—	0.865 ***	—	—
B10	—	0.197 **	—	0.253 ***	—	—
C13	—	0.162 *	—	0.151 ***	—	—
C17	—	0.085 5	—	0.262 ***	—	—
C25	—	0.087 2 *	—	0.260 ***	—	—
C26	—	0.098 9 **	—	0.241 ***	—	—
C30	—	0.247 ***	—	0.089 2 **	—	—
C31	—	−0.070 6 ***	—	0.618 ***	—	—
C32	—	0.067 8 *	—	0.507 ***	—	—
C36	—	0.124 *	—	0.005 09	—	—
固定资产投资增速	—	—	—	—	0.005 96 **	0.009 73 ***
常数项	0.171 ***	0.092 5 ***	−0.557 ***	−0.843 ***	0.087 2	−0.681 ***
样本量	5 994	5 994	5 994	5 994	5 994	5 994
R^2	0.016	0.016	—	—	0.019	—
行业数	35	35	35	35	35	35

注：① *** 表示 $P<0.01$，** 表示 $P<0.05$，* 表示 $P<0.1$；②个体效应只给出典型行业结果；③模型 III lnsig2u = −2.952 *** （0.493），模型 VI lnsig2u = −2.836 *** （0.485）。

模型 III 和模型 IV 是以 H-P 风险测定日期为被解释变量建立的面板 Probit 模型，模型 IV 考虑了行业个体效应。因为 H-P 风险测定日期中将产能均衡动态监测指数下滑赋值为 1，也就是说，1 代表着产能过剩风险增大的过程。模型 III 和模型 IV 系数为正值，说明固定资产投资相对增速变快使得产能过剩风险增大的概率增加，这从另一个侧面反映了行业投资"潮涌现象"加重了产能过剩风险。

模型 V 和模型 VI 控制了行业自身固定资产投资变量，结果显示模型 V gfi 系数仍为负，系数由 −0.217 变为 −0.31，控制行业自身固定资产投资变量后，固定资产投资相对增速的影响加重了产能过剩风险的恶化趋势。每个行业都不是孤立于经济系统中，相对于其他行业而言，过快的投资意味着在直接需求和间接需求不足时快速增加供给，产能过剩风险增大是必然的，即使是新兴产业、传统行业的高技术投资也难以避免产能过剩风险的增大。在时间和结构上合理、有效地投资分布，既是产能均衡发展的保障，也是产业结构顺利调整和升级的保障。

第五节　本章小结

本书涉及工业大类行业 35 个，囊括采矿业、制造业以及电力、热力、燃气及水的生产和供应业。尽管每个大类行业的产能均衡变动轨迹具有独特性，但又受到共同规律制约，失衡风险预警研究亦然，没有必要对每一个大类行业进行冗长重复的分析和展示，因而我们选取部分典型行业进行监测和预警结果的展示（其余大类行业监测和预警结果见附图 1 和附图 2），但是在重要特征分析中仍采用全样本。本章梳理了近年来针对产能过剩问题出台的政府文件，将政府文件中屡次点名的过剩行业或者过剩产品所在行业作为典型行业，另外选择部分重要且在目前尚未被点名的行业共同作为典型行业，对典型行业的产能均衡变动进行动态监测和失衡风险预警分析，以期发现这些典型行业产能均衡变动的独特规律、同工业整体产能均衡变动的差异性，并就产能过剩风险的行业特征成因、阶段性特征进行分析，对预警指标进行边际分析，就重要预警指标建立面板模型，分析投资"潮涌"现象的现实表现。

本章在梳理政府文件的基础上选出部分典型大类行业为例进行产能均衡动态监测和预警分析，并依据监测指数对典型大类行业特征、典型行业间风险协同性特征、过剩风险的行业特征成因和阶段性特征进行分析，发现如下结果：①行业产能均衡变动具有多因性以及由多因性诱发的异质性特征；②产业生命周期因素影响过剩风险发生率，经济周期变动左右着行业过剩严重程度和过剩的波及程度；③以行业间关联关系为基础的过剩风险传导作用不容忽视，价格影响力较弱的行业易发产能过剩风险，忽视行业关联需求盲目投资的行业过剩风险也更易发生；④2008 年国际金融危机的输入性冲击改变了产能过剩风险发生的深度、波及程度、抗冲击能力和变动模式。

在给出各个典型行业的产能过剩风险预警指数和风险预警概率结果之后，本章还对各个典型行业风险预警概率的预警效果进行了评估，并进一步做了两个必要的延伸研究：一个是预警指标的边际分析；另一个是就重要预警指标建立面板模型，分析投资"潮涌"现象的现实表现。结果显示，行业投资"潮涌现象"显著加重了产能过剩风险，再次验证了预警指标设置的合理性。

第七章　总结与展望

党的十九大报告指出，要建设现代化经济体系，必须把发展经济的着力点放在实体经济上，把提高供给体系质量作为主攻方向，显著增强我国经济质量优势。扎实推进实体经济从高速增长转向高质量发展，而实体经济的主要支撑力量工业及相关的生产性服务业的高质量发展则是建设现代化经济体系的核心。在对工业产能过剩风险进行动态监测和预警分析的基础上熨平工业产能过剩风险波动，保持供求的动态平衡是工业实现高质量发展的重要前提和基础。

已有的利用单一产能利用率研究产能过剩问题的研究由于缺乏产能利用率"合意"水平作为比较基准，难以达成共识，产能过剩抑制政策事倍功半。基于此，本书提出"产能均衡"概念，给出定义、性质和刻画产能均衡变动数量特征的动态分析指标，并引入"同步指标"概念构建产能均衡动态监测指标体系，编制监测指数；同时，在对监测指数特征分析和产能均衡影响因素分析的基础上挖掘构建风险预警指标体系，对我国工业整体及典型大类行业的产能失衡风险进行预警，得出客观有益的研究结论。

第一节　主要研究结论

本书以我国工业整体及大类行业的产能均衡变动为研究对象，以产能均衡动态监测和失衡风险预警为主要研究内容，以产能均衡概念为起点，紧扣概念内涵构建监测指标体系，编制产能均衡动态监测指数，分析监测指数动态特征；从产能均衡变动的影响因素出发，挖掘构建产能失衡风险预警指标体系，编制风险预警指数，计算风险预警概率，给出合理预警信号。

本书主要结论归纳为以下五点：

第一，对我国工业整体产能均衡变动的监测和分析发现，产能过剩风险连续 3 个月及以上发生率为 33.84%，连续 6 个月及以上发生率为 20.2%，2001 年 1 月—2017 年 9 月共出现 4 次过剩，其中 2001 年 7 月—2002 年 2 月和 2014 年 9 月—2015 年 3 月两次程度较轻；2008 年 9 月—2009 年 8 月连续一年时间的衰退，平均深度高达 214.33%，谷值深度为 718.13%；2011 年 9 月—2012 年 9 月持续 13 个月，时间最长。2008 年国际金融危机带来的负向冲击影响巨大。危机后，主要工业经济指标大幅下滑，工业经济增速换挡态势显著，国际金融危机的负向冲击对工业经济增速换挡的助推效应明显；产能均衡变动基本表现特征恢复，具体表现在产能过剩持续的时间和深度恢复到危机前水平，但是平均周期长度增加，产能均衡变动进入低波动、宽周期模式。

第二，对大类行业产能均衡变动的监测和分析发现，行业产能过剩风险发生特征具有显著异质性。连续 3 个月及以上产能过剩风险发生率范围在 3.24%~52.3%，平均持续时间从 3 个月到 11.3 个月，平均深度则是 23%~417.8%，呈现严重的结构失衡，结构性问题已成为我国工业产能均衡的巨大阻碍。

第三，对大类行业产能均衡监测指数研究发现，产能过剩风险发生呈现多源性特征。行业特征对产能过剩风险发生具有显著影响，具有高的价格影响关联度和高的投资关联度，处于产业成长阶段的行业产能过剩风险发生率低；反之，价格影响关联度低，投资关联度低，处于产业成熟阶段的行业产能过剩风险发生率高。进入产业生命周期成熟阶段的行业产能过剩风险发生率相比其他行业高约 6 个百分点。

经济周期变动因素左右着行业产能过剩严重程度和过剩的波及程度，尤其受到 2008 年国际金融危机的外源性负向冲击影响，绝大多数行业产能过剩程度被严重放大，深度增加，某些行业达 700% 以上，波及程度比危机前增加 15%，随着对外开放程度加深，同全球经济连接日益紧密，外源性影响将逐步增强。工业整体和大部分典型行业在 2011 年 9 月—2012 年 9 月出现长时间的产能过剩状态，不能排除"四万亿元"强刺激方案的影响，具有政策干预因素诱发特点。

第四，对大类行业间产能均衡波动的周期协同性和阶段性特征分析表明，2008 年国际金融危机后行业间产能均衡变动的周期协同性增强，工业产能均衡微波动特征与行业衰退普遍性特征共存，行业抗冲击能力弱化，需要精准把握调控政策的时间和力度，避免政策干预负效应。

第五，对工业和大类行业失衡风险预警研究表明，宏观经济政策不确定性和产业间的传导在工业产能失衡风险的准确预警中起到了重要的作用，随着信息传递渠道逐渐畅通以及产业融合进程的加快，未来代表产业间传导特征的统计指标作用可能会进一步加强。在产能失衡风险预警甚至是宏观经济周期预警分析中增加代表行业间传导的指标，将会极大改善预警效果。本书针对投资"潮涌"现象构建的固定资产投资相对增速指标对行业产能均衡变动有显著的负向影响，说明行业非理性投资会显著增大产能过剩风险。

第二节　政策建议

要熨平工业产能过剩风险波动，主要应采取的策略是长期的维护政策与短期的反向调控政策相结合。长期的维护政策是指在长期内采用一定的财政、货币及产业政策组合维持供求的动态平衡。根据第三章到第六章对我国工业产能均衡动态监测和预警分析的结果，对我国工业产能失衡风险波动影响较大的方面分别是宏观经济周期影响、非理性投资及其在产业间的传导和产业生命周期特征影响。接下来，我们将针对这些突出问题给出调控政策建议。

一、加强行业产能均衡动态监测和失衡风险预警

我们在投资"潮涌"现象的面板模型实证分析中发现，固定资产投资相对增速对产能过剩风险增大具有显著影响，忽视关联行业的需求和投资增长而盲目投资造成了某些行业投资增速相对过快。企业基于未来行业发展共识对高额利润的追逐是造成投资增速相对过快的原因之一，另一个重要原因则是信息不完全，由于信息不完全造成行业产能饱和的情况下仍有企业不断进入。加强行业产能均衡动态监测需要政府以及相关研究机构及时发布行业产能发展动态，发布失衡风险预警概率，及时发出高风险预警信号，及时引导企业投资流向，防止产能失衡风险的扩大，斩断行业风险—金融风险—社会风险的传导链条，防范产能失衡风险的进一步衍生。

另外，我们还应根据产业发展动态不断调整和完善产能均衡监测体系，根据宏观经济形势、产业发展特征变化修订和调整失衡风险预警指标体系，完善失衡风险预警研究。

二、逆周期政策的合理使用

第三章到第六章的实证分析表明，经济周期性变动仍然是我国工业以及部分典型行业产能过剩风险增大的重要原因。这里的经济周期性变动既包含我国自身经济周期变动也包含由于双边贸易、投资等引发的外源性周期变动，其中

外源性周期变动既包括如 2008 国际金融危机这样的全球性衰退，也包括区域性的周期变动，还包括行业周期变动。逆周期政策的合理搭配和使用可以及时防止产能过剩风险广度和深度的增加，遏止产能过剩风险的恶化趋势。

财政政策和货币政策是政府逆周期调控政策的"两大支柱"。一般认为，财政政策决策时滞长，对经济情况变动响应较为迟钝，而货币政策决策时滞较短，对经济情况变动响应较为迅速；财政政策通过政府预算直接调节社会总需求，收效较快，而货币政策通过调节货币供应量和利率等传导工具间接调节社会总需求，收效较慢。财政政策和货币政策决策特征间的差异强化了两者之间配合协调的必要性，行业产能过剩风险变动周期异质性特征以及产业间经济要素传导的存在使产业调控政策成为逆周期调控政策必要的加持力量，而宏观经济变量之间的不可分割的内在联系又使得财政政策与货币政策之间的协调和相互配合成为可能。相关经济理论及各经济体的政策干预实践证明，只有把财政政策、货币政策和必要的产业政策相结合，搭配成具有整体效能的宏观经济组合战略措施，才能更好地发挥其逆周期调节作用。

政府在运用财政政策、货币政策和产业政策进行逆周期调控时，政策搭配应从"大"处着手，以市场调节为主，在一定时段保持供求的动态平衡，防范工业产能过剩风险的持续和恶化。切忌过于精细的"政策搭配"。绝大多数经济变量对宏观调控政策的响应存在时滞，且时滞长短不一，难以在"供略大于需"还是"需略大于供"两种状态之间进行精确选择，过于精细具体的政策运作反而会挤占市场调节的地位，延缓企业和市场经济的成长及现代化进程。另外，干预政策的普适性（如促进技术进步等）、审慎性越强，针对机构的层次越高（如三次产业结构），正面效果越好，负面效应越小；而干预得越微观、政策力度越大、持续时间越长，长期增长中所显现出的负面效应就越大。

三、调整优化投资规模与结构

典型大类行业的动态监测及预警分析中显示，非理性的投资"潮涌"现象显著影响行业产能过剩风险波动，且呈负向关系。固定资产投资变动具有领先性质，以行业的具体比例关系及其在时空的合理分布为目标调整优化投资结构，引导企业理性投资是熨平产能过剩风险波动的重要保障。

然而，理性投资的关键是找到准确识别最优目标投资结构的标准或者依据，只有这样，才能依此标准来判断现实投资结构离最优目标结构差距有多远，进而在此基础上有针对性地运用政策工具干预现实投资结构，使之趋近最优目标结构。

投资结构由众多分散的微观投资主体自主选择行为所塑造，随着市场供求的变化而变化，转轨体制下复杂的经济现实使得最优目标结构也在随着产业生命周期变动、社会经济发展阶段和全球经济形势而发生转变。因此，明智的政策选择不是紧盯最优的目标投资结构，而是明确投资主体职能，理顺各种投资结构关系，保证固定资产投资增长与产业发展的良性互动，弱化产能过剩风险波动，维持供求的动态平衡，实现工业经济的高质量发展。

（一）明确投资主体职能，防止投资主体的越位和缺位

从形成投资结构的微观机理来看，现实的投资结构由政府、国有企业、私营企业、外资企业四类投资主体的投资决策行为所塑造。其中，政府投资依计划而行，体现政府意图。众多分散的私企外资等非国有投资主要受市场力量左右，依据收益、风险预期，理性决策投资什么、投资多少、在哪儿投资。而竞争性领域大量国企的投资决策，既受市场需求引导也受行政行为影响，这部分微观主体投资决策行为的复杂性，影响人们对最优目标投资结构的准确认识。

在竞争性领域，市场需求结构引导着供给结构和投资结构。当政策意图与市场需求力量在方向上一致时，政策效果就会比较明显。但多数情况下，政府无力准确、及时地掌握瞬息万变的市场需求，政策效果往往就不尽如人意。比如，在制造业领域，我们的政策意图一直是希望提高技术密集型制造业比重，但随着中西部地区市场需求的快速增长，以及中西部地区综合投资环境的改善，近10年来中西部地区劳动密集型行业投资快速增长，使全国技术密集型制造业的投资增速明显低于劳动密集型制造业，技术密集型制造业投资比重增加的幅度也明显低于劳动密集型制造业。

前面的分析已经阐明地方政府的不当投资和职能越位是产能过剩风险增大的一个重要原因，长期以来部分地方政府热衷于将资金投向有利于更快GDP增长的领域，投向于同民生建设无关的政绩工程，忽视了区域自身发展条件在竞争性领域盲目打造支柱产业和先导产业。因此，能够快速扩大经济规模的重化工业往往成为优先选择对象，如此行为的后果既造成了区域经济与生态发展的失衡，也进一步增大了产能过剩风险，阻碍了部分行业依照产业发展轨迹逐步向价值链高端迈进的进程。

另一个重要投资主体——国有企业在竞争性领域谋求行政垄断，挤占非国有投资壮大和发展的空间，减弱了民营企业作为增强产业竞争力和国家实力重要力量的整体能力，弱化了市场竞争压力，进而弱化了技术创新的动力。部分国有企业在汽车、钢铁和房地产等竞争性领域不顾市场风险"跑马圈地"的

行为，是产能过剩风险增大的又一重要来源。

明确投资主体职能，促进投资主体职能归位，是优化投资结构的重要基础，也是熨平产能过剩风险波动的重要前提和保障。政府投资以促进全民享有均等化公共服务为目标，应集中于公益性和部分准公益性领域，并且要注重基本公共服务供给在城乡间、地区间和不同收入人群间的均等化配置。国有投资应追求公共利益，作为政府投资职能的延伸，国有投资在追求投资效益和效率的同时应兼顾公共利益。非国有投资完全交由市场选择，政府职能仅在于完善体制机制，营造公平的法规政策环境，维护公平的市场竞争秩序以最大限度地发挥市场优胜劣汰、促进投资结构动态调整优化的作用。

（二）调整优化投资结构的目标与原则

尽管调整优化投资结构有利于熨平产能过剩风险波动，但熨平产能过剩风险波动并不是调整优化投资结构的最终目标。无论是调整优化投资结构还是熨平产能过剩风险波动，都是促进产业升级、提升产业竞争力，进而实现实体经济高质量发展的中间过程和保障。

下面，我们从既有利于避免引发较大产能过剩风险波动又有利于推动行业转型升级和技术创新的角度提出调整优化投资结构的原则，包括以下两个方面：

一是通过投资结构的优化引导行业发展重心向价值链高端转移，创造更具竞争优势和经济效益的成长区间，同时要更加关注产业链的前端，引导企业根据市场的需要和生产技术的可能条件，利用自己的优势，将产成品进行深加工或者加大对经销渠道的影响力和控制力。向价值链高端发展是为了加大技术研发力度，突破价值高端产能的瓶颈，促进产业升级，提升产业竞争力。向产业链前端发展是为了再深加工，扩大销售，有更为优质和充足的资源做保障和依托可以避免引发较大的产能过剩风险波动。

二是避免运用政府资源对高新技术产业进行过度补贴。太多的补贴容易产生"动机扭曲"问题，释放给企业错误的引导信号，使得部分企业不顾市场风险，盲目跟风投资，造成投资"潮涌"现象，引发新的产能过剩风险波动。同时，也要避免使用行政手段打压低端产业，而是要营造要素自由流通、价格机制反映资源稀缺程度和公平竞争的制度环境，交由市场去实现淘汰低端产业的功能。

（三）理顺投资的总量调控与结构优化的关系

投资必须要与其他供给因素、需求因素取得动态平衡，关联行业之间的投资也要取得动态平衡。投资作为短期因素，行业固定资产投资相对增速要与行业生产经营状况、行业价格增速相匹配，行业间的成本利润流动不会出现大的波动，是保证产能过剩风险不会出现较大波动的重要条件。投资作为长期因素，投资规模增长必须与消费需求、出口需求增长取得动态平衡。投资规模的扩大要同工业结构调整相匹配，投资规模调控要与企业品种结构、行业结构调整相匹配，促进行业结构向价值链高端调整，支持工业发展中的薄弱环节，加大科技创新投资力度。

（四）理顺行业投资和关联行业投资的关系

行业投资和关联行业投资的动态有效匹配是降低产能过剩风险发生的有效途径。产能过剩风险的发生一方面源于行业过度投资和行业投资超前，另一方面源于关联行业的中间需求以及关联行业间接传递的最终需求不足或者需求滞后。理性投资不仅要强调投资主体理性、投资关系理性，还要强调关联行业投资分布理性。

四、合理利用各种要素在产业间的传导

信息化进程加快，互联网与传统产业的融合发展是提升我国产业竞争力的必然要求。发挥互联网在生产要素配置中的优化与集成作用，促进新一代信息技术、现代制造业和生产性服务业的融合创新。信息要素的地位和作用将迅速提升，成为经济运行中的重要因素。"产业互联网"将逐步改变传统产业关联基础关系中物质流主导信息流的格局，随着产业融合内在力量的驱动，产业关联基础将会发生根本性的变化。生产环节和流程的改造与重构促使信息要素成为产业关联中的主导性要素。信息要素不仅引导和加速了产业关联中的物质要素流动，还开辟了新的产业关联和传递路径。信息要素将极大地左右产业间的成本利润流向，改变产业间的利益格局。

我们要合理利用各种要素在产业间的传导，使其服务于产业优化升级、提升竞争力的发展目标，同时防范由于产业间成本利润流向改变造成的产业间利益格局变动所带来的产能过剩风险，及时预警将个别行业存在的产能过剩风险置于可控范围之内。

此外，我们还要合理利用信息要素在产业间的传导，需要先为产业互联网的健康、快速发展营造良好的条件和环境；引导企业转变思维和观念，引导企业主动运用互联网思维进行变革；为互联网技术、人才和资源的整合创造环境，及时设计出支持产业互联网发展的政策体系以及法律法规；强调行业变革的整体设计与企业战略的对接，为企业创造宽松的发展环境，允许试错，但应与必要的引导手段搭配，避免盲目跟风，形成新的产能过剩风险。

产业间传导以信息要素为主导并不否认物质要素的基础作用，信息要素的主导只是改变了物质要素的传导路径和组织方式。信息要素与物质要素在产业互联网背景下的完美融合还要依赖于以金融服务、信息服务、科技服务、商务服务、流通服务为主的生产性服务体系的构建，推动我国产业互联网的发展和提升，以促进产业结构的优化升级和整体竞争实力的提升。

五、有序淘汰落后产能，完善产业调整支持政策

走向或处于产业生命周期成熟阶段的行业产能过剩风险发生率高，因而对走向产业生命周期成熟阶段、正处于产业生命周期成熟阶段和已经处于产业生命周期衰退阶段的行业都要依照不同比例有序淘汰或转换落后产能。

在淘汰落后产能过程中，我们要充分发挥市场机制的作用，将落后产能的淘汰过程与产业结构的转换和升级、产业的融合与质量提升过程相结合，辅之以必要的产业调整支持政策，防止落后产能淘汰过程偏离既定的轨道，保障其顺利进行。

产业调整支持政策在西方国家并不少见，欧共体的一些主要成员实际上长期使用产业调整援助政策。20 世纪 70 年代末到 80 年代初期，英国对困境产业的救助性补贴占全部产业财政支持额的 36%，挪威为 48%，意大利为 50%，瑞士为 57%[①]。第二次世界大战结束以后，日本在经济发展过程中，产业调整援助政策的应用也十分引人关注。从日本产业政策整体来看，产业调整援助要强于对新兴产业的支持。在有序淘汰落后产能的过程中，逐步完善产业调整支持政策是十分必要的。

就我国的具体情况而言，本书提出有序淘汰落后产能的主要举措和保障措施，具体如下：

一是我国工业产能失衡问题的本质根源来自市场经济的不完全发育，充分发挥市场配置资源的基础性作用，促进市场经济的成长是缓解产能失衡问题的根本保障；调整和理顺资源性产品价格形成机制，强化税收杠杆调节，努力营造有利于落后产能退出和转换的市场环境；转变传统扶持政策思路，避免政府不当干预行为，进一步推动要素市场化改革，提高关键技术研发和制造能力，形成以创新驱动为核心的动力机制，促进企业向产业链的高端与前端迈进。

二是清除阻碍落后产能退出的各种壁垒。阻碍落后产能退出的壁垒因素很多，如由于资产的专用性形成的沉没成本、职工安置问题以及结合生产形成的

---

① 江小涓. 国有企业的能力过剩、退出及退出援助政策 [J]. 经济研究, 1995 (2)：46-54.

退出壁垒等。清除落后产能退出壁垒首先应做好职工安置工作。财政资金应首先支持解决淘汰落后产能有关职工安置、企业转产等问题，一般情况下应该采取"先安置，后关停"的政策设计方案；妥善处理淘汰落后产能与职工就业的关系，认真落实和完善企业职工安置政策，依照相关法律法规和规定妥善安置职工，做好职工社会保险关系转移与接续工作，避免大规模集中失业，防止发生群体性事件。其次，应加强财政资金的合理引导。对经济欠发达地区淘汰落后产能工作应通过增加转移支付加大支持与奖励力度，各地方政府也要积极安排资金，支持企业淘汰落后产能；在资金申报、安排、使用中，要充分发挥工业、能源等行业主管部门以及社会保障部门的作用，加强协调配合，确保资金安排对淘汰落后产能产生实际效力。最后，应促进传统产业的调整和新兴产业的发展相结合。比如，通过产业融合方式鼓励落后产能行业转入相关生产性服务业，或由其他相关产业通过兼并方式淘汰落后产能。某些产能过剩企业本身有较好的技术、设备和人员基础，如果将这些企业的退出或转产过程同成长期的行业扩张过程相结合，将产业收缩与产能淘汰的过程转化为新兴产业的扩张过程，统筹淘汰落后产能与产业升级、经济发展、社会稳定的关系。

三是有效区分"僵尸"企业与困境企业，增强产业调整支持政策有效性。研究和制定科学合理的"僵尸"企业和"困境"企业识别标准，有必要在"盈利标准"和"持续信贷标准"之上增加"行业标准"，同时避免以行政命令代替市场机制来界定落后产能和"僵尸"企业，防止企业钻空子，采取非正规手段逃避产能淘汰和产能调整；对"困境"企业进行有效识别，更科学地实施"四个一批"政策方案，完善产业调整支持政策。

四是支持和引导企业升级改造。工业4.0智能制造战略的提出是我国产业升级改造的良好契机，如何从我国的实际国情出发推进企业的升级改造值得深思。我国工业发展的现有问题在于产能过剩风险存在的同时，劳动力、土地、能源等成本不断走高。行业发展以及同一行业中企业技术水平参差不齐，呈现大而不强特征。我们应统筹安排技术改造资金，充分发挥科技对产业升级的支撑作用，通过相关税收优惠和金融支持政策，既支持高精尖技术，也支持先进的适用技术；既鼓励部分具有充足准备、拥有雄厚人才技术优势和先进管理经验的企业迎接工业4.0的挑战，也要引导大部分不具有足够优势的企业夯实技术基础，以质量品种、节能降耗、环境保护、改善装备、安全生产等为重点，对落后产能进行改造。对淘汰落后产能任务较重且完成较好的地区和企业，在安排技术改造资金、节能减排资金、投资项目核准备案、土地开发利用、融资支持等方面应给予倾斜。提高生产、技术、安全、能耗、环保、质量等国家标准和行业标准水平，做好标准间的衔接，加强标准贯彻，引导企业技术升级。

五是推进跨区域的产能合作。在"一带一路"倡议下，国际产能合作已经取得初步成就的基础上继续向前推进，继续从政策设计、基础设施建设、贸易渠道、资金融通、公众宣传及产能合作意识推进等多角度为跨区域产能合作搭建基础和平台；继续推进政府、企业、普通民众的多层面深入交流与合作；在目前试点行业和国家的基础上循序渐进逐步扩大产能合作的区域及领域。

六是坚持依法行政。我们要充分发挥法律法规的约束作用和技术标准的门槛作用，严格执行环境保护、节约能源、清洁生产、安全生产、产品质量、职业健康等方面的法律法规和技术标准，依法淘汰落后产能。

第三节　不足之处与未来研究方向

本节主要是总结各章理论与实证研究，列示本书存在的不足，并就未来需深入研究的方向提出建议。

一、对产能失衡风险预警指标样本外预测性能的评估研究不足

尽管第五章和第六章对产能失衡风险预警指标的预测性能进行了效果评估，但能够充分说明产能失衡风险预警指标预警有效性还应该包括样本外的预警效果。目前缺乏检验样本外预警效果的权威基准，同时权威发布的部分大类行业月度数据周期较短，难以对样本外预警效果的精度起到应有的支撑作用，缺乏样本外预警效果的评估成为本书的一个缺憾。

二、欠缺产能失衡风险预警指标体系修订的讨论

随着时间的推移、经济发展阶段的变化以及产业结构的调整，许多宏观经济统计指标对特定现象的指示性质都会发生一定的变化，有的指标可能会丧失其领先特性，有的指标可能对表征产能失衡风险变得更为敏感。因此，定期考察我国工业产能失衡风险预警指标体系各个成分指标的时间性质、预警作用是非常必要的。

随着未来统计数据的逐渐丰富，高频统计指标逐渐增多，后续研究中应该能够发掘出更多指示性强、对产能失衡风险敏感度高的有效指标，用以编制预测性能更好的产能失衡风险预警指数。

三、需进一步推进产能失衡风险在行业间的传导研究

国际金融危机之后，我国产能过剩风险的发生和发展模式发生了变化，行业间周期协同性增加，意味着产能失衡风险在行业间的传导模式可能发生变化。我们有必要进一步研究行业间传导模式发生了哪些变化，这些变化又将如何影响行业产能均衡变动规律，从而更好地进行产能调整政策设计，防范和抑制产能失衡风险，奠定产业结构转型升级和高质量发展的基础。

四、在"一带一路"倡议下推进产能均衡监测和风险预警研究

"一带一路"倡议的推进和多领域合作平台的搭建，促使越来越多的企业希望"走出去"，而企业要"走出去"，就要面临地缘政治、文化宗教冲突、投资等诸多风险。如何从宏观层面、行业层面挖掘合作国家双方在能力结构、产业链连通和衔接、贸易互补等方面的匹配性，为政府和企业提供合作国家在行业产能均衡动态变动、行业失衡风险协同共振情况，对行业失衡风险进行及时有效预警，可以为企业"走出去"提供有力保障。

五、重大外生冲击下产能均衡监测和风险预警研究

2019 年年底出现并持续蔓延的新型冠状病毒肺炎疫情对世界经济发展造成了重大影响，全球供应链受到冲击，各国超常规政策的实施以及逆全球化趋势上升等，都促使世界经济运行的轨迹和逻辑发生改变。我国及时启动了双循环新发展格局战略，在新的发展格局和发展战略下工业产能均衡状态如何变动？是否会出现新的长期均衡变动模式？风险预警指标又需要做出哪些调整？值得我们深入思考和持续研究。

参考文献

《供给政策与需求政策的关系》课题组，2000. 加大供给结构调整政策在促进经济增长中的作用 [J]. 中国工业经济（3）：27-32.

才国伟，舒元，2009. 我国资本的配置效率：一种新的测算方法 [J]. 经济科学（4）：43-52.

曹建海，江飞涛，2010. 中国工业投资中的重复建设与产能过剩问题研究 [M]. 北京：经济管理出版社.

陈洪海，2016. 基于信息可替代性的评价指标筛选研究 [J]. 统计与信息论坛（10）：17-22.

陈磊，2001. 中国转轨时期经济景气的测定和分析 [J]. 世界经济（12）：63-68.

陈磊，2004. 企业景气状况与宏观经济运行 [J]. 管理世界（3）：14-24.

陈强，2010. 高级计量经济学及 Stata 应用 [M]. 2 版. 北京：高等教育出版社.

陈诗一，2011. 中国工业分行业统计数据估算：1980—2008 [J]. 经济学（季刊）（3）：735-776.

董德志，柯聪伟，2015. EPU 指数在经济判断和市场预测中的应用 [J]. 债券（5）：65-68.

董敏杰，梁泳梅，张其仔，2015. 中国工业产能利用率：行业比较、地区差距及影响因素 [J]. 经济研究（1）：84-98.

董文泉，高铁梅，陈磊，等，1995. Stock-Watson 型景气指数及其对我国经济的应用 [J]. 数量经济技术经济研究（12）：68-74.

樊潇彦，袁志刚，2006. 我国宏观投资效率的定义与衡量：一个文献综述 [J]. 南开经济研究（1）：44-59.

范布拉班特，邵建云，1991. 社会主义经济学：非均衡学派与短缺经济学

［J］. 经济社会体制比较（4）：34-44.

冯梅，陈鹏，2013a. 中国钢铁产业产能过剩程度的量化分析与预警［J］. 中
　　国软科学（5）：110-116.

冯梅，孔垂颖，2013b. 国内外产能过剩问题研究综述［J］. 经济纵横（10）：
　　117-120.

付保宗，2011a. 关于产能过剩问题研究综述［J］. 经济学动态（5）：90-93.

付保宗，郭海涛，2011b. 美日的产能过剩及应对措施［J］. 宏观经济管理
　　（3）：70-72.

干春晖，邹俊，王健，2015. 地方官员任期、企业资源获取与产能过剩［J］. 新
　　产经（6）：44-56.

高铁梅，陈磊，王金明，等，2015. 经济周期波动分析与预测方法［M］. 2 版.
　　北京：清华大学出版社.

高铁梅，孔宪丽，王金明，2003. 国际经济景气分析研究进展综述［J］. 数量
　　经济技术经济研究（11）：158-160，163.

顾海兵，1997. 宏观经济预警研究：理论·方法·历史［J］. 经济理论与经济
　　管理（4）：1-7.

郭丽虹，2005. 企业的融资条件与投资行为［M］. 北京：中国财政经济出
　　版社.

郭晓亭，蒲勇健，林略，2004. 风险概念及其数量刻画［J］. 数量经济技术经
　　济研究（2）：111-115.

国务院，2006. 国务院关于加快推进产能过剩行业结构调整的通知［EB/OL］.
　　（2006-03-12）［2022-06-20］. http://www.gov.cn/zhengce/content/2008-
　　03/28/content_1996.htm.

国务院，2013. 国务院关于化解产能严重过剩矛盾的指导意见［EB/OL］.
　　（2013-10-06）［2022-07-15］. http://www.gov.cn/zhengce/content/2013-
　　10/18/content_4854.htm.

韩国高，2012. 我国工业产能过剩的测度、预警及对经济影响的实证研究
　　［D］. 大连：东北财经大学.

韩国高，高铁梅，王立国，等，2011. 中国制造业产能过剩的测度、波动及成
　　因研究［J］. 经济研究（12）：18-31.

韩国高，胡文明，2016. 宏观经济不确定性、企业家信心与固定资产投资：基
　　于我国省际动态面板数据的系统 GMM 方法［J］. 财经科学（3）：79-89.

韩国高，王立国，2013. 行业投资增长过快现象会因过剩产能的存在趋缓吗?：

基于 1999—2010 年我国产能过剩行业数据的分析 [J]. 投资研究, 32 (8): 65-76.

韩秀云, 2012. 对我国新能源产能过剩问题的分析及政策建议: 以风能和太阳能行业为例 [J]. 管理世界 (8): 171-172, 175.

何彬, 2008. 基于窖藏行为的产能过剩形成机理及其波动性特征研究 [D]. 长春: 吉林大学.

胡川, 2005. 市场需求不确定条件下产能过剩问题研究 [J]. 中南财经政法大学学报 (5): 61-65.

胡汝银, 1987. 短缺归因论 [J]. 经济研究 (7): 28-33.

江飞涛, 2008. 中国钢铁工业产能过剩问题研究 [D]. 长沙: 中南大学.

江飞涛, 曹建海, 2009. 市场失灵还是体制扭曲: 重复建设形成机理研究中的争论、缺陷与新进展 [J]. 中国工业经济 (1): 53-64.

江飞涛, 耿强, 吕大国, 等, 2012. 地区竞争、体制扭曲与产能过剩的形成机理 [J]. 中国工业经济 (6): 44-56.

江飞涛, 李晓萍, 2010. 直接干预市场与限制竞争: 中国产业政策的取向与根本缺陷 [J]. 中国工业经济 (9): 26-36.

江小涓, 1995. 国有企业的能力过剩, 退出及退出援助政策 [J]. 经济研究 (2): 46-54.

江小涓, 1999. 产业结构调整与产业政策: 迈过短缺经济后的再思考 [J]. 经济研究参考 (z1): 61-72.

江源, 2006. 钢铁等行业产能利用评价 [J]. 统计研究 (12): 13-19.

孔宪丽, 陈磊, 2009. 中国装备制造业景气波动特征及影响因素的实证分析 [J]. 统计与决策 (9): 99-102.

孔宪丽, 张同斌, 高铁梅, 2012. 基于景气指数的我国工业经济周期性波动特征及本轮波动特点研究 [J]. 数学的实践与认识 (7): 17-27.

李敬, 陈澍, 万广华, 等, 2014. 中国区域经济增长的空间关联及其解释: 基于网络分析方法 [J]. 经济研究 (11): 4-16.

李静, 杨海生, 2011. 产能过剩的微观形成机制及其治理 [J]. 中山大学学报 (社会科学版) (2): 192-200.

李娟娟, 赵景峰, 湛爽, 2015. 马克思经济周期理论与中国经济新常态 [J]. 经济学家 (9): 5-10.

林岗, 王裕雄, 吴崇宇, 等, 2015. 2010—2030 年中国经济增长基本条件研究 [M]. 北京: 经济科学出版社.

林毅夫，2007. 潮涌现象与发展中国家宏观经济理论的重新构建 [J]. 经济研究 (1)：126-131.

林毅夫，巫和懋，邢亦青，2010. "潮涌现象"与产能过剩的形成机制 [J]. 经济研究 (10)：4-19.

刘航，李平，杨丹辉，2016a. 出口波动与制造业产能过剩：对产能过剩外需侧成因的检验 [J]. 财贸经济 (5)：91-105.

刘航，孙早，2016b. 产能利用不足发生机制的国内外研究述评 [J]. 经济社会体制比较 (3)：186-195.

刘慧，綦建红，2018. 宏观经济不确定性与出口：贸易中介是缓冲器还是推动器？[J]. 世界经济研究 (4)：62-76，138.

刘清珺，陈婷，张经华，等，2010. 基于风险矩阵的食品安全风险监测模型 [J]. 食品科学 (5)：86-90.

刘晔，葛维琦，2010. 产能过剩评估指标体系及预警制度研究 [J]. 经济问题 (11)：38-40.

刘义圣，1999. 当前我国经济反周期调控"政策搭配"探析 [J]. 经济学动态 (8)：10-13.

路楠林，2007. 产能过剩与市场结构的相关性研究 [D]. 长春：吉林大学.

马红旗，黄桂田，王韧，等，2018. 我国钢铁企业产能过剩的成因及所有制差异分析 [J]. 经济研究 (3)：94-109.

马九杰，张象枢，顾海兵，2001. 粮食安全衡量及预警指标体系研究 [J]. 管理世界 (1)：154-162.

马轶群，2016. 经济不确定性与我国宏观经济波动：基于实际经济周期模型的分析 [J]. 中南财经政法大学学报 (4)：11-20.

马勇，李镏洋，2015. 金融变量如何影响实体经济：基于中国的实证分析 [J]. 金融评论 (1)：34-50.

钱敏，张江洋，2016. 地区间竞争与中国式产能过剩治理困局的破解 [J]. 现代经济探讨 (9)：73-76.

任泽平，陈昌盛，2012. 经济周期波动与行业景气变动：因果联系、传导机制与政策含义 [J]. 经济学动态 (1)：19-27.

时磊，2013. 资本市场扭曲与产能过剩：微观企业的证据 [J]. 财贸研究，24 (5)：1-8.

谭之博，周黎安，2015. 官员任期与信贷和投资周期 [J]. 金融研究 (6)：80-93.

汤祚楚，2010. 资本结构与产能过剩形成机理研究：以我国钢铁行业为例 [J]. 时代经贸 (35)：25-26.

陶忠元，2011. 开放经济条件下中国产能过剩的生成机理：多维视角的理论诠释 [J]. 经济经纬 (4)：20-24.

万岷，2006. 市场集中度和我国钢铁产能过剩 [J]. 宏观经济管理 (9)：52-54.

王恩德，梁云芳，孔宪丽，等，2006. 中国中小工业企业景气监测预警系统开发与应用 [J]. 吉林大学社会科学学报 (5)：122-130.

王建成，唐贵川，王静，等，1997. 基于概率模式分类的宏观经济预警系统设计 [J]. 统计研究 (6)：6-10.

王力，王立国，2013. 抑制产能过剩与重复建设制度的有效性分析：基于钢铁行业的实证研究 [J]. 生产力研究 (2)：114-117.

王立国，高越青，2012. 基于技术进步视角的产能过剩问题研究 [J]. 财经问题研究 (2)：26-32.

王立国，周雨，2013. 体制性产能过剩：内部成本外部化视角下的解析 [J]. 财经问题研究 (3)：27-35.

王明涛，2003. 证券投资风险计量、预测与控制 [M]. 上海：上海财经大学出版社.

王贤彬，徐现祥，周靖祥，2010. 晋升激励与投资周期：来自中国省级官员的证据 [J]. 中国工业经济 (12)：16-26.

王相林，2006. 纳入产权分析的产业生命周期演进：对产能过剩的一种解释 [J]. 工业技术经济 (7)：99-102.

王晓姝，李锂，2012. 产能过剩的诱因与规制：基于政府视角的模型化分析 [J]. 财经问题研究 (9)：40-47.

王兴艳，2007. 产能过剩评价指标体系研究初探 [J]. 技术经济与管理研究 (4)：12-13.

卫志民，2002. 20 世纪产业组织理论的演进与最新前沿 [J]. 国外社会科学 (5)：17-24.

魏后凯，2001. 从重复建设走向有序竞争 [J]. 北京：人民出版社.

文兼武，2017. 前三季度全国工业产能利用率达到五年来最高水平 [EB/OL]. (2017-11-13) [2022-06-22]. http://www.stats.gov.cn/tjsj/sjjd/201711/t20171113_1552672.html.

闻潜，2006. 经济高位运行中的产能过剩及其成因分析 [J]. 经济经纬 (5)：

19-23.

徐朝阳，周念利，2015. 市场结构内生变迁与产能过剩治理 [J]. 经济研究
（2）：75-87.

徐春华，2017. 两大部类发展失衡与中国产能过剩问题研究 [J]. 当代经济研
究（1）：34-40.

杨光，2012. 中国设备利用率与资本存量的估算 [J]. 金融研究（12）：
54-66.

杨光，马晓莹，2010. 我国生产能力利用率的估算与预测 [J]. 未来与发展
（6）：37-40.

杨文进，1991. 短缺还是过剩 [J]. 财贸研究（5）：22-26.

杨振，2013. 激励扭曲视角下的产能过剩形成机制及其治理研究 [J]. 经济学
家（10）：48-54.

杨振，2015. "中国式"产能过剩治理需构建"三维"政策体系 [J]. 中国党
政干部论坛（1）：60-62.

杨振，2016. 以供给侧结构性改革化解产能过剩 [J]. 理论视野（1）：11-13.

叶樊妮，2009. 资本存量与资本服务核算研究 [D]. 成都：西南财经大学.

易纲，吴任昊，2000. 论存货与经济波动：理论回顾与对中国情况的初步分析
[J]. 财贸经济（5）：5-9.

殷克东，马景灏，2010. 中国海洋经济波动监测预警技术研究 [J]. 统计与决
策（21）：43-46.

余东华，2004. 新产业组织理论及其新发展 [J]. 中央财经大学学报（2）：
49-54.

余东华，吕逸楠，2015. 政府不当干预与战略性新兴产业产能过剩：以中国光
伏产业为例 [J]. 中国工业经济（10）：53-68.

余根钱，2005. 中国经济监测预警系统的研制 [J]. 统计研究（6）：39-44.

余淼杰，金洋，张睿，2018. 工业企业产能利用率衡量与生产率估算 [J]. 经
济研究（5）：58-73.

俞欢军，王建成，胡上序，1999. 基于概率模式识别方法的宏观经济预警系统
的进一步研究 [J]. 系统工程理论与实践（9）：41-48.

张军，1991. 寻求短缺的制度原因：兼评短缺的需求决定论和供给决定论
[J]. 经济研究（12）：12-21.

张林，2016. 中国式产能过剩问题研究综述 [J]. 经济学动态（9）：90-100.

张少华，蒋伟杰，2017. 中国的产能过剩：程度测算与行业分布 [J]. 经济研

究（1）：91-104.

张耀，2017. 中国消费价格的部门间传导关系研究：一个解释价格传导机制的新视角［J］. 国际金融研究（10）：24-33.

张玉喜，2010. 货币与经济周期：理论发展及其评述［J］. 当代经济研究（5）：52-56.

张长春，2013. 调整优化投资结构研究［M］. 北京：经济管理出版社.

赵天宇，2015. 转型经济下中国制造业投资与产能的市场配置机制研究［D］. 长春：吉林大学.

中共中央马克思恩格斯列宁斯大林著作编译局，2004. 资本论：第3卷［M］. 北京：人民出版社.

钟春平，潘黎，2014. "产能过剩"的误区：产能利用率及产能过剩的进展、争议及现实判断［J］. 经济学动态（3）：35-47.

周劲，2007. 产能过剩的概念、判断指标及其在部分行业测算中的应用［J］. 宏观经济研究（9）：33-39.

周劲，2011a. 产能过剩的内涵、评价及表现特征［J］. 中国投资（9）：61-66.

周劲，付保宗，2011b. 产能过剩的内涵、评价体系及在我国工业领域的表现特征［J］. 经济学动态（10）：58-64.

周劲，付保宗，2011c. 产能过剩在我国工业领域的表现特征［J］. 经济纵横（12）：33-38.

周黎安，2004. 晋升博弈中政府官员的激励与合作：兼论我国地方保护主义和重复建设问题长期存在的原因［J］. 经济研究（6）：33-40.

周炼石，2008. 技术冲击经济周期：中国经济长期增长的主导因素［J］. 上海经济研究（8）：3-12.

周密，刘秉镰，2017. 供给侧结构性改革为什么是必由之路：中国式产能过剩的经济学解释［J］. 经济研究（2）：69-83.

周敏，王新宇，2002. 基于模糊优选和神经网络的企业财务危机预警［J］. 管理科学学报（3）：86-90.

周瑞辉，廖涵，2015. 国有产权、体制扭曲与产能利用：基于中国1998—2007年制造业行业的面板分析［J］. 山西财经大学学报（1）：58-69.

周阳，2006. 产能过剩的中国式治疗［J］. 经济（5）：9-11.

周业樑，盛文军，2007. 转轨时期我国产能过剩的成因解析及政策选择［J］. 金融研究（2）：183-190.

周振华, 2004. 论信息化进程中的产业关联变化 [J]. 产业经济研究 (2): 1-8.

周振华, 2005. 产业关联深化的新变化、基础及其结构平衡 [J]. 东南学术 (1): 76-81.

朱淑珍, 2002. 金融创新与金融风险: 发展中的两难 [M]. 上海: 复旦大学出版社.

ANDREW B, ABEL, 1981. A dynamic model of investment and capacity utilization [J]. The quarterly journal of economics, 96 (3): 379-403.

ANDREW B, ABEL, OLIVIER J, et al., 1986. The present value of profits and cyclical movements in investment [J]. Econometrica, Econometric Society, 54 (2): 249-273.

AUFFHAMMER M, WOLFRAM C D, 2014. Powering up China: income distributions and residential electricity consumption [J]. American Economic Review, 104 (5): 575-80.

BAIN J S, 1962. Barriers to new competition [M]. Cambridge: Harvard University Press.

BAKER S R, BLOOM N, 2014. Does uncertainty reduce growth? using disasters as natural experiments [J]. Frontiers in Public Health, 3: 34.

BALTAGI B H, GRIFFIN J M, VADALI S R, 1998. Excess capacity: a permanent characteristic of US airlines? [J]. Journal of Applied Econometrics, 13 (6): 645-657.

BANERJI A, HIRIS L, 2001. A framework for measuring international business cycles [J]. International Journal of Forecasting, 17 (3): 333-348.

BAXTER M, KING R G, 1999. Measuring business cycles: approximate band-pass filters for economic time series [J]. Review of Economics & Statistics, 81 (4): 575-593.

BERNDT E R, MORRISON C J, 1981. Capacity utilization measures: underlying economic theory and an alternative approach [J]. American Economic Review, 71 (2): 48-52.

BLONIGEN B A, WILSONW W, 2010. Foreign subsidization and excess capacity [J]. Journal of International Economics, 80 (2): 200-211.

BOILEAU M, NORMANDIN M, 2003. Capacity utilization, superior information, and the business cycle [J]. Journal of Macroeconomics, 25 (3): 283-309.

BOKUSHEVA R, HOCKMANN H, 2006. Production risk and technical inefficiency in Russian agriculture [J]. Social Science Electronic Publishing, 33 (1): 93-118.

BOOYSEN F, 2002. An overview and evaluation of composite indices of development [J]. Social Indicators Research, 59 (2): 115-151.

BOURNEUF A, 1964. Manufacturing investment, excess capacity, and the rate of growth of output [J]. American Economic Review, 54 (5): 607-625.

BRUNO, DE BORGER, KRISTIAAN KERSTENS, et al., 2012. Static efficiency decompositions and capacity utilization: integrating economic and technical capacity notions [J]. Applied Economics, 44 (31): 4125-4141.

BURNS A F, MITCHELL W C, 1946. Measuring business cycles [J]. NBER Books 78 (1): 67-77.

BURNSIDE C, EICHENBAUMM, 1996. Factor-hoarding and the propagation of business-cycle shocks [J]. American Economic Review, 86 (5): 1154-1174.

CALVO G A, THOUMI F E, 1984. Demand fluctuations, inventories and capacity utilization [J]. Southern Economic Journal, 50 (3): 743.

CARROLL C, SLACALEK J, TOKUOKA K, 2014. The distribution of wealth and the MPC: implications of new european data [J]. Social Science Electronic Publishing, 104 (5): 107-111 (5).

CASSELS J M, 1937. Excess capacity and monopolistic competition [J]. The Quarterly Journal of Economics, 51 (3): 426-443.

CHAMBERLIN E, 1947. The theory of monopolistic competition [M]. Cambridge: Harvard University Press.

CHANDRASEKHAR S, 1991. Capacity utilization in Indian industry [J]. Indian Journal of Industrial Relations, 27 (1): 101-102.

CHIKÁN A, KOVÁCS E, 2009. Inventory investment and GDP characteristics in OECD countries [J]. International Journal of Production Economics, 118 (1): 2-9.

CHIKÁN A, KOVÁCS E, MATYUSZ Z, 2011. Inventory investment and sectoral characteristics in some OECD countries [J]. International Journal of Production Economics, 133 (1): 2-11.

CHIKÁN A, KOVÁCS E, MATYUSZ Z, et al., 2016. Long-term trends in inventory investment in traditional market and post-socialist economies [J]. International Journal of Production Economics, 181: 14-23.

CHOU Y C, SUNG W C, LIN G, et al., 2014. A comparative study on the performance of timing and sizing models of capacity expansion under volatile demand growth and finite equipment lifetime [J]. Computers & Industrial Engineering, 76: 98-108.

CIARAN D, 2000. Capacity utilisation and excess capacity: theory, evidence, and policy [J]. Review of Industrial Organization, 16 (1): 69-87.

CORRADO C, GILBER C, RADDOCK R, et al., 1997. Industrial production and capacity utilization: historical revision and recent developments [J]. Federal Reserve Bulletin, 83 (2): 67-92.

CREMEANS JE, 1978. Capacity utilization rates: what do they really mean? [J]. Business Economics, 13 (3): 41-46.

DAVID J S, GEOFFREY B, 1971. Investment and Capacity Utilization in the United Kingdom, 1923—1966 [J]. Oxford Economic Papers, New Series, 23 (1): 136-143.

DE VANY A, FREY N G, 1981. Stochastic equilibrium and capacity utilization [J]. American Economic Review, 71 (2): 53-57.

DIEBOLD F X, RUDEBUSCH G D, 1989. Scoring the leading indicators [J]. Journal of Business, 62 (3): 369-391.

DIXON P B, RIMMER M T, 2011. You can't have a CGE recession without excess capacity [J]. Economic Modelling, 28 (1-2): 602-613.

DOTSEY M, STARK T, 2005. The relationship between capacity utilization and inflation [J]. Business Review, Q2 (2): 8-17.

ESPOSITO F F, ESPOSITO L, 1974. Excess capacity and market structure [J]. Review of Economics & Statistics, 56 (2): 188-194.

FAGNART J O, LICANDRO O, SNEESSENS H R, 1997. Capacity utilization and market power [J]. Journal of Economic Dynamics and Control, 22 (1): 123-140.

FAIR R C, 1985. Excess labor and the business cycle [J]. American Economic Review, 75 (1): 239-245.

FÄRE R, 1984. The existence of plant capacity [J]. International Economic Review, 25 (1): 209-213.

FÄRE R, GROSSKOPF S, 2000. Theory and application of directional distance functions [J]. Journal of Productivity Analysis, 13 (2): 93-103.

FÄRE R, KIRKLEY J E, WALDEN J B, 2011. Measuring fishing capacity when some outputs are undesirable [J]. Eastern Economic Journal, 37 (4): 553-570.

FINN M G, 2011. Is 'high' capacity utilization inflationary? [J]. Economic Quarterly, 81 (1): 1-16.

FLASCHEL P, FRANKE R, VENEZIANI R, 2012. Reply to bertram schefold [J]. Review of Political Economy, 24 (3): 445-447.

FLASCHEL P, FRANKE R, VENEZIANI R, 2012. The measurement of prices of production: an alternative approach [J]. Review of Political Economy, 24 (3): 417-435.

FRANCES F E, LOUIS E, 1979. Excess capacity and market structure: another look at the evidence [J]. The Review of Economics and Statistics, 61 (1): 159-160.

FRANCES F E, LOUISE, 1974. Excess capacity and market structure [J]. The Review of Economics and Statistics, 56 (2): 188-194.

GOLLIN D, LAGAKOS D, WAUGH M E, 2014. Agricultural productivity differences across countries [J]. American Economic Review, 104 (104): 165-170.

GORT M, KLEPPER S, 1982. Time paths in the diffusion of product innovations [J]. The Economic Journal, 92 (367): 630-653.

GREENBLATT R E, 2017. Oscillatory dynamics of investment and capacity utilization [J]. Physica A: Statistical Mechanics and its Applications, 465: 486-493.

GREENWOOD J, HERCOWITZ Z, HUFFMAN G W, 1988. Investment, capacity utilization and the real business cycle [J]. American Economic Review, 78 (3): 402-417.

GRIFELL TATJÉ E, LOVELL C A K, 2014. Productivity, price recovery, capacity constraints and their financial consequences [J]. Journal of Productivity Analysis, 41 (1): 3-17.

GUNTON R, METWALLY M, 1981. The determinants of labour hoarding in Australian manufacturing [J]. Economic Analysis and Policy, 11 (1-2): 74-91.

HARDING D, PAGAN A, 2002. Synchronization of cycles [R]. University of Melbourne, mimeo, version 6, presented at the conference "Common Features in Rio", Rio de Janeiro, 2002-07-29 (30).

HARUNA S A, 1996. Note on holding excess capacity to deter entry in a labourmanaged industry [J]. Canadian Journal of Economics, 29 (2): 493-499.

HEIN E, VAN TREECK T, 2010. Financialisation and rising shareholder power in kaleckian/post-kaleckian models of distribution and growth [J]. Review of Political Economy, 22 (2): 205-233.

HORNBORG A, 2014. Ecological economics, marxism, and technological progress: some explorations of the conceptual foundations of theories of ecologically unequal exchange [J]. Ecological Economics, 105: 11-18.

HSU T, 2003. Simple capacity indicators for peak to peak and data envelopment analysis of fishing capacity [R] // PASCOE S, D. GRÉBOVAL D. Measuring capacity in fisheries: papers submitted to the technical consultation on the measurement of fishing capacity. FAO Fisheries Technical Report, 43: 233-260.

JAMES E, KIRKLEY, FÄRER, et al., 2001. Assessing capacity and capacity utilization in fisheries when data are limited [J]. North American Journal of Fisheries Management, 21 (3): 482-497.

JAMES E, VESTAL, 1993. Planning for change: industrial policy and Japanese economic development, 1945—1990 [M]. Oxford: Clarendon Press.

JOHANSEN L, 1968. Production functions and the concept of capacity [M]. University of Oslo: Institute of Economics.

JOHN, C H, 1984. Excess capacity and entry: some empirical evidence [J]. The Journal of Industrial Economics, 33 (2): 233-240.

JONES B F, 2014. The human capital stock: a generalized approach [R]. NBER Working Papers, 104 (11): 3752-3777.

JORGENSON D W, 1996. Investment volume 1: capital theory and investment behavior [M]. London: The MIT Press, Cambridge, Massachusetts.

JUNANKAR P N, 1970. The relationship between investment and spare capacity in the United Kingdom, 1957—1966 [J]. Economica, 37 (147): 277-292.

KALYUZHNOVA Y, VAGLIASINDI M, 2006. Capacity utilization of the kazakhstani firms and the russian financial crisis: a panel data analysis [J]. Economic Systems, 30 (3): 231-248.

KENNETH M E, CHIH-PING C, 1997. Is there a stable relationship between capacity utilization and inflation? [J]. Federal Reserve Bank of Dallas Economic Review, Spring (1): 14-20.

KIRKLEYJE, C J MORRISON PAUL, SQUIRES D E, 2004. Deterministic and sto-

chastic capacity estimation for fishery capacity reduction [J]. Marine Resource E-
conomics, 19: 271-294.

KLEIN L R, 1960. Some theoretical issues in the measurement of capacity [J].
Econometrica, 28 (2): 272-286.

KLEIN L R, PRESTON R S, 1967. Some new results in the measurement of
capacity utilization [J]. American Economic Review, 57 (1): 34-58.

KOUMAKHOV, ROUSLAN, NAJMAN, et al., 2001. Labor hoarding in Russia:
where does it come from? [R]. William Davidson Working Paper, 10: 394.

KUBLER F, SELDEN L, WEI X, 2013. Inferior good and giffen behavior for inves-
ting and borrowing [J]. American Economic Review, 103 (2): 1034-1053.

KUGIUMTZIS D, 2008. Local prediction of turning points of oscillating time series
[J]. Phys Rev E Stat Nonlin Soft Matter Phys, 78 (2): 36, 206.

LAU A K W, LOW, 2015. Regional innovation system, absorptive capacity and in-
novation performance: An empirical study [J]. Technological Forecasting and So-
cial Change, 92: 99-114.

LAZKANO I, 2008. Cost structure and capacity utilisation in multiproduct
industries: an application to the basque trawl industry [J]. Environmental and Re-
source Economics, 41 (2): 189-207.

LEE J, 1995. Comparative performance of short-run capacity utilization measures
[J]. EconomicsLetters, 48 (3-4): 293-300.

LEWIS H R, 1953. Industrial capacity and its utilization [J]. Science & Society,
17 (4): 318 325.

LIU W H, CHUNG C F, CHANG K L, 2013. Inventory change, capacity
utilization and the semiconductor industry cycle [J]. Economic Modelling, 31:
119-127.

MARCELLINO M, 2006. Leading indicators [J]. Handbook of Economic Forecas-
ting, 1 (5): 879 - 960.

MARINI G, PANNONEA, 2007. Capital and capacity utilization revisited: a theory
for ICT-assisted production systems [J]. Structural Change and Economic Dynam-
ics, 18 (2): 231-248.

MARVIN B L, 1987. Excess capacity as a barrier to entry: an empirical appraisal
[J]. The Journal of Industrial Economics, 35 (4): 607-627.

MASSON R T, SHAANAN J, 1986. Excess capacity and limit pricing: an empirical test [J]. Economica, 53: 365-378.

MEEHAN J W, 1967. Market structure and excess capacity: a theoretical and empirical analysis [D]. Boston: Boston College.

MORRISON C J, 1985. On the economic interpretation and measurement of optimal capacity utilization with anticipatory expectations [J]. Review of Economic Studies, 52 (2): 295-310.

NELSON R A, 1989. On the measurement of capacity utilization [J]. Journal of Industrial Economics, 37 (3): 273-286.

OI W Y, 1981. Slack capacity: productive or wasteful? [J]. American Economic Review, 71 (2): 64-69.

OMAR L, 1992. Investment dynamics and capacity utilization under monopolistic competition [J]. Annales d'Économie et de Statistique, 27: 91-113.

PALACIO-VERA A, 2009. Capital accumulation, technical progress and labour supply growth: keynes's approach to aggregate supply and demand analysis revisited [J]. Review of Political Economy, 21 (1): 23-49.

PANNONE A, 2013. Undesired excess capacity and equilibrium in an advanced market economy [J]. Modern Economy, 4 (11): 733-749.

PARETO A, 2013. Methods for constructing composite indices: one for all or all for one? [J]. RivistaItaliana Di Economia Demografia E Statistica, LXVII (2): 67-80.

PASHIGIAN B P, 1968. Limit price and the market share of the leading firm [J]. Journal of Industrial Economics, 16 (3): 165-177.

PAUL M E, 1954. Notes on excess capacity [J]. Oxford Economic Papers, 6 (1): 129-134.

PEDRO P, ÁLVAREZ-LOIS, 2006. Endogenous capacity utilization and macroeconomic persistence [J]. Journal of Monetary Economics, 53 (8): 2213-2237.

PLANAS C, ROEGER W, ROSSI A, 2013. The information content of capacity utilization for detrending total factor productivity [J]. Journal of Economic Dynamics and Control, 37 (3): 577-590.

RADDOCK R D, 1993. Industrial production, capacity, and capacity utilization since 1987 [J]. Federal Reserve Bulletin, 1: 590-605.

ROSE M, 1985. Inflation, supply shocks and the stable-Inflation rate of capacity utilization [J]. Federal Reserve Bank of San Francisco, win: 45-63.

SAHOO B K, TONE K, 2009. Decomposing capacity utilization in data envelopment analysis: an application to banks in India [J]. European Journal of Operational Research, 195 (2): 575-594.

SALIM R A, 1997. Alternative approach of measuring capacity utilization [J]. Bangladesh Development Studies, 25 (3/4): 219-228.

SANTOS M E, SANTOS G, 2014. Composite indices of development [M]. International Development: Ideas, Experience and Prospects: 133-150.

SCHERER F M, 1969. Market structure and the stability of investment [J]. American Economic Review, 59 (2): 72-79.

SEGERSON K, SQUIRES D, 1993. Capacity utilization under regulatory constraints [J]. The Review of Economics and Statistics, 75 (1): 76-85.

SMITHIES A, 1957. Economic fluctuations and growth [J]. Econometrica, 25 (1): 1.

SPENCE A, 1977. Entry, capacity, investment and oligopolistic pricing [J]. Bell Journal of Economics, 8 (2): 534-544.

STOCK J H, WATSON M W, 1989. New indexes of coincident and leading economic indicators [J]. NBER Macroeconomics Annual: 351-393.

SUN Y, 2007. Adjusting input-output models for capacity utilization in service industries [J]. Tourism Management, 28 (6): 1507-1517.

THOMAS A G, 1989. Capacity utilization and inflation [J]. Economic Perspectives, 81 (2): 2-9.

THOMAS V U, 1988. Excess capacity as a commitment to promote entry [J]. The Journal of Industrial Economics, 37 (2): 113-122.

VIRTANEN T, EERO TÖLÖ, MATTI VIRÉN, et al., 2016. Use of unit root methods in early warning of financial crises [R]. Research Discussion Papers, Bank of Finland: 27.

WECKER W E, 1979. Predicting the turning points of a time series [J]. Journal of Business, 52 (1): 35-50.

WENDERS J T, 1971. Excess capacity as a barrier to entry [J]. Journal of Industrial Economics, 20 (1): 14-19.

ZHANG JIAN, HUANG KUN, 2011. Research on early-warning method and its application of complex system of circular economy for oil and gas exploitation [J]. Energy Procedia, 5: 2040-2047.

附录

附表1 监测和预警构成指标的平稳性检验（ADF 检验）结果

指标名称	T	平稳性
固定资产投资完成额累计同比增速	-3.704 2**	平稳[1]
工业产品产销率同比增减量	-4.286 3***	平稳[1]
出口交货值累计同比增速	-1.713 6*	平稳[1]
亏损企业比重期末同比增减量	-2.279 9**	平稳[3]
燃料、动力类工业生产者购进价格指数	-4.835***	平稳[1]
中间投入增长率	-3.959**	平稳[1]
工业生产者出厂价格指数	-3.194 3**	平稳[1]
主营业务收入累计同比增速	-2.358 2	I（1）
主营业务成本累计同比增速	-1.106 3	I（1）
应收账款累计同比增速	-2.303 5	I（1）
工业增加值累计同比增速	-4.199 2***	平稳[1]
利润总额累计同比增速	-4.037***	平稳[1]
产成品存货期末同比增速	-0.978 4	I（1）
企业数量累计同比增速	-2.345 4**	平稳[3]
企业亏损单位数期末同比增速	-2.793 5**	平稳[3]
亏损企业亏损总额累计同比增速	-2.204 5**	平稳[3]
M1	-2.265	I（1）
M2	-2.589 6*	平稳[2]
EPU 指数	-4.471 1***	平稳[1]
货运周转量	-3.149 8**	平稳[2]
信息传输、计算机服务和软件业投资增速	-3.645 5***	平稳[2]
交通运输、仓储和邮政业投资增速	-2.559 3*	平稳[2]
批发零售业投资增速	-4.535 6***	平稳[1]

注：①*** 表示 P<0.01，** 表示 P<0.05，* 表示 P<0.1。②平稳性结果列中，上标为 1，表示模型带趋势项和常数项；上标为 2，表示模型仅有常数项；上标为 3，表示模型既无趋势项也无常数项。

附表 2　行业间价格关联邻接矩阵

指标	B06	B07	B08	B09	B10	C13	C14	C15	C16	C17	C18	C19	C20	C21	C22	C23	C24	C25	C26	C27	C28	C29	C30	C31	C32	C33	C34	C35	C36	C38	C39	C40	D44	D45	D
B06	1	0	0	0	0	0	0	0	0	0	0	1	0	0	0	0	0	1	0	0	0	0	0	0	0	0	0	0	0	0	0	0	0	0	0
B07	0	1	0	0	0	0	0	0	0	0	0	0	0	0	0	0	0	0	0	0	0	0	0	0	0	0	0	0	0	0	0	0	0	0	0
B08	0	1	1	1	0	1	0	1	0	1	1	0	1	1	0	1	1	1	1	0	0	1	1	1	0	0	1	1	1	1	0	0	0	0	0
B09	0	1	1	1	1	1	0	1	0	1	1	1	1	1	0	0	0	1	1	0	0	1	0	0	1	0	0	1	0	1	1	0	0	0	0
B10	0	1	0	1	1	0	0	0	0	0	0	1	0	0	0	0	0	0	0	0	0	0	0	0	0	0	0	0	0	0	0	0	0	0	0
C13	0	0	0	0	1	1	1	1	1	1	1	0	0	0	0	0	0	0	0	0	1	0	0	0	0	0	0	1	1	0	0	0	1	1	1
C14	0	0	0	0	0	1	1	1	0	0	1	0	0	0	0	1	0	0	0	0	0	0	0	0	0	0	0	0	0	0	0	0	0	0	1
C15	0	0	0	0	0	0	0	1	0	0	0	0	1	0	0	1	0	0	0	0	0	1	0	0	0	0	0	0	0	1	1	0	0	0	1
C16	0	0	0	0	0	0	0	0	1	1	0	0	0	1	0	0	0	0	0	0	0	1	0	0	0	0	0	0	0	0	0	0	0	0	1
C17	0	0	0	1	0	0	0	0	1	0	0	0	0	0	0	0	0	0	0	0	0	0	0	0	0	0	0	0	0	0	0	0	0	0	0
C18	0	0	1	0	1	0	1	0	0	1	1	1	0	1	0	1	0	0	0	0	0	1	0	0	1	0	0	0	0	1	0	0	1	1	0
C19	0	0	0	0	0	0	0	0	0	0	0	1	0	0	0	0	0	0	0	0	0	0	0	0	0	0	0	0	0	0	0	0	0	0	0
C20	0	0	0	0	0	0	0	0	0	0	0	0	1	0	0	0	0	0	0	0	0	0	0	0	0	0	1	0	0	0	0	0	0	0	0
C21	0	0	0	0	0	0	0	0	0	0	0	0	0	1	0	1	0	0	0	0	0	0	0	0	0	0	0	0	0	0	0	0	0	0	0
C22	0	0	0	0	0	0	0	0	0	0	0	0	0	0	0	1	0	0	0	0	0	0	0	0	0	0	0	0	0	0	0	0	0	0	0
C23	0	0	0	0	0	0	0	0	0	0	0	0	0	1	0	1	0	0	0	0	0	0	0	0	0	0	1	0	0	0	1	1	0	1	0
C24	0	0	0	0	0	0	0	0	0	0	0	0	0	0	0	0	1	0	0	0	0	0	0	0	0	0	0	0	0	0	0	0	0	0	0
C25	0	1	0	1	1	0	0	0	0	0	1	1	1	1	0	1	1	1	1	1	1	1	0	0	0	1	1	1	1	0	0	0	1	0	1
C26	1	1	1	1	1	1	1	1	1	1	1	1	1	1	1	1	0	1	1	1	1	1	0	1	0	1	0	1	1	1	0	0	1	1	0

指标	B06	B07	B08	B09	B10	C13	C14	C15	C16	C17	C18	C19	C20	C21	C22	C23	C24	C25	C26	C27	C28	C29	C30	C31	C32	C33	C34	C35	C36	C38	C39	C40	D44	D45	D
C27	0	0	0	0	1	0	0	0	0	0	0	0	0	0	0	1	0	0	0	0	0	0	0	0	1	0	0	1	1	0	0	0	0	1	0
C28	0	1	1	1	1	1	1	0	0	1	1	1	1	1	0	1	0	0	0	0	0	1	1	1	1	0	0	1	1	0	0	0	1	0	0
C29	0	0	0	1	1	1	0	1	0	0	0	0	0	0	1	0	1	0	0	0	1	1	1	0	0	0	0	1	1	0	0	0	1	0	1
C30	0	0	1	0	1	0	1	0	0	0	0	0	1	0	0	0	1	0	0	0	0	0	0	1	0	0	0	1	1	1	1	0	0	0	1
C31	1	1	1	1	1	0	0	1	0	0	0	0	1	1	1	1	0	1	1	0	0	0	0	1	0	0	0	1	0	1	0	0	0	0	0
C32	1	1	0	0	0	1	1	0	0	0	0	0	0	0	0	0	0	0	0	0	0	0	0	0	0	0	0	0	0	0	0	0	1	1	0
C33	1	1	0	0	0	0	0	1	0	0	0	0	0	1	1	1	0	0	1	0	0	0	0	0	1	0	0	1	1	1	1	0	0	0	1
C34	0	1	0	0	0	0	0	0	0	0	0	0	0	0	0	0	0	0	0	0	0	0	0	0	1	0	0	1	0	0	1	0	0	0	0
C35	0	0	0	0	0	0	0	0	0	0	0	0	0	0	0	0	0	0	0	0	0	0	0	0	0	0	0	1	1	1	0	0	0	0	0
C36	1	1	1	1	1	0	0	0	0	0	0	0	0	0	1	1	0	0	1	0	0	0	0	0	1	0	0	0	0	0	0	0	1	0	0
C38	1	1	1	1	1	0	0	0	0	0	0	0	0	1	0	0	0	0	0	0	0	1	0	0	1	1	0	0	0	1	1	1	1	1	1
C39	0	0	0	0	1	0	0	0	0	0	0	0	0	0	0	0	0	0	0	0	0	0	0	0	0	0	1	0	0	1	0	0	1	1	0
C40	0	0	0	0	1	0	0	0	0	0	0	1	1	0	0	1	1	0	0	0	0	0	0	1	0	0	0	0	1	0	0	0	0	0	1
D44	0	0	1	1	1	1	1	0	0	0	0	1	0	0	0	1	0	0	0	0	0	0	0	0	0	1	1	0	1	0	0	0	0	0	0
D45	1	0	0	0	1	0	1	0	0	0	0	1	1	0	1	1	0	0	0	0	0	0	0	0	0	1	1	0	0	0	0	0	1	1	0
D46	1	0	0	1	1	1	0	1	0	0	0	1	1	1	0	0	0	0	0	0	0	0	0	0	0	1	1	1	0	0	0	0	0	0	1

注：根据第四章第一节相关方法计算而得。

指标	B06	B07	B08	B09	B10	C13	C14	C15	C16	C17	C18	C19	C20	C21	C22	C23	C24	C25	C26	C27	C28	C29	C30	C31	C32	C33	C34	C35	C36	C38	C39	C40	D44	D45	D46
B06	1	0	0	0	0	0	0	1	0	0	1	0	1	0	1	0	0	0	0	0	0	0	0	0	0	0	0	0	0	0	0	0	1	0	0
B07	0	1	1	1	0	0	1	0	0	0	0	0	1	0	0	0	0	0	0	1	0	1	1	1	0	1	0	0	0	0	0	1	0	0	0
B08	0	1	1	1	0	0	1	0	0	1	0	0	1	0	0	0	0	0	0	0	0	1	1	0	1	0	1	0	0	0	1	1	0	0	0
B09	0	0	1	1	0	1	0	0	0	1	0	0	1	1	0	0	0	0	0	0	0	1	1	1	1	0	1	1	1	0	1	1	1	1	0
B10	0	0	0	0	1	0	1	1	0	0	1	0	1	0	0	0	0	0	0	0	0	1	0	0	0	1	0	0	0	0	0	0	0	1	0
C13	0	0	1	1	1	1	1	1	1	0	0	0	1	1	0	0	0	0	1	0	0	1	0	0	1	1	0	0	0	0	0	0	0	0	1
C14	0	0	0	0	0	1	1	0	0	0	1	0	1	0	0	0	0	1	1	0	0	0	1	1	0	1	0	0	0	0	0	0	0	0	1
C15	0	0	0	0	0	0	0	1	1	1	1	0	1	1	0	0	0	0	0	0	0	1	1	1	0	0	0	1	1	0	0	1	1	1	1
C16	0	0	0	0	0	0	0	0	1	0	0	0	1	1	0	0	0	0	1	0	0	0	0	0	1	0	1	1	0	1	0	0	0	0	0
C17	0	0	0	0	0	0	0	0	0	1	1	0	0	0	0	0	1	0	1	0	0	1	1	0	0	1	0	1	0	0	0	1	0	0	0
C18	0	0	0	0	0	0	0	0	0	1	1	1	1	1	0	0	0	0	1	0	1	1	1	1	0	0	0	0	1	0	0	0	0	1	0
C19	0	0	0	0	0	0	0	0	0	0	0	1	0	0	0	0	0	0	0	1	1	0	1	0	1	0	0	0	1	0	0	0	0	0	0
C20	0	0	0	0	0	0	0	0	0	0	0	1	1	1	0	1	1	0	0	0	0	0	0	0	0	0	1	1	0	1	1	0	0	0	1
C21	0	0	0	1	1	0	0	0	0	0	0	0	1	1	0	0	0	0	0	0	0	0	0	1	0	0	0	0	0	0	0	0	1	0	0
C22	0	0	0	1	0	0	0	0	0	0	0	0	0	0	1	0	0	1	1	0	0	0	0	1	0	0	1	0	0	0	0	0	0	0	0
C23	0	0	0	0	0	0	0	0	0	0	0	0	0	0	0	0	1	1	0	0	0	0	1	0	0	0	1	1	0	0	0	0	0	0	0
C24	0	0	0	0	1	0	0	0	0	0	0	0	0	0	1	0	1	1	1	1	1	0	0	0	0	0	0	1	0	0	0	0	1	0	0
C25	1	1	0	0	0	0	0	0	1	0	0	0	0	1	0	0	0	0	1	0	0	0	0	0	0	0	0	0	1	0	0	1	0	0	0
C26	1	1	0	0	0	0	0	0	0	1	1	0	0	0	0	0	0	0	1	1	1	1	1	1	1	1	0	1	0	0	1	1	1	0	0

指标	B06	B07	B08	B09	B10	C13	C14	C15	C16	C17	C18	C19	C20	C21	C22	C23	C24	C25	C26	C27	C28	C29	C30	C31	C32	C33	C34	C35	C36	C38	C39	C40	D44	D45	D46
C27	0	0	0	0	0	0	0	0	0	0	0	0	0	0	0	0	0	0	0	1	0	0	0	0	0	0	0	0	0	0	0	0	0	0	0
C28	0	0	0	0	0	0	0	0	0	0	0	0	0	0	1	0	0	0	0	0	1	1	1	1	0	0	0	1	1	1	0	0	0	0	0
C29	0	0	0	0	0	0	0	0	0	0	0	0	0	0	0	0	0	0	0	0	0	1	0	0	0	1	1	0	0	0	1	0	0	0	0
C30	0	0	0	0	1	0	0	0	0	0	0	0	1	0	0	0	0	1	1	0	0	0	1	1	0	0	0	1	0	0	0	1	1	0	0
C31	0	0	0	0	0	0	0	0	0	0	0	0	0	0	0	0	0	0	0	0	0	0	0	1	0	0	0	0	0	0	1	0	0	0	1
C32	0	0	0	1	0	0	0	0	0	0	0	0	0	1	0	0	0	0	0	0	0	1	0	0	0	0	0	0	0	0	0	1	0	1	0
C33	0	0	0	0	0	0	0	0	0	0	0	0	0	0	0	0	0	0	0	0	0	0	0	0	0	0	0	1	0	1	0	0	0	0	1
C34	0	0	0	0	0	0	0	0	0	0	0	0	0	0	0	0	0	0	0	0	0	0	0	0	0	0	1	0	0	0	0	0	1	0	0
C35	0	0	0	0	0	0	0	0	0	0	0	0	0	0	1	0	0	0	0	0	0	0	0	0	0	0	0	1	1	0	1	0	0	0	0
C36	1	1	0	0	0	0	0	0	0	0	0	0	0	0	0	0	0	0	1	0	0	0	0	1	0	0	0	0	0	1	0	0	0	0	0
C38	0	0	0	0	0	0	0	0	0	0	1	0	1	0	0	0	0	0	0	0	1	1	0	1	0	0	0	0	0	0	1	0	0	0	0
C39	0	0	0	0	0	0	0	0	0	0	0	0	0	0	0	0	0	0	0	0	0	0	0	0	0	0	0	0	1	1	1	1	0	0	0
C40	0	0	0	0	0	0	1	0	0	0	0	0	0	1	0	1	0	0	0	0	1	0	0	0	0	0	0	0	0	0	0	0	0	0	1
D44	0	0	0	0	0	1	0	0	0	0	0	0	0	0	0	0	0	0	1	0	0	0	0	0	0	0	0	0	1	0	0	1	1	0	0
D45	0	0	0	0	0	0	0	0	0	0	0	0	0	0	0	0	0	0	0	0	0	0	0	0	0	0	0	0	0	0	0	0	0	1	0
D46	1	0	0	0	0	0	0	0	0	1	1	0	0	1	0	1	0	0	1	0	0	0	0	0	0	0	1	0	0	0	0	0	0	0	1

注：根据第四章第一节相关方法计算而得。

附表 4　行业间投资关联邻接矩阵

指标	B06	B07	B08	B09	B10	C13	C14	C15	C16	C17	C18	C19	C20	C21	C22	C23	C24	C25	C26	C27	C28	C29	C30	C31	C32	C33	C34	C35	C36	C38	C39	C40	D44	D45	D46
B06	1	0	1	1	1	0	0	0	0	0	0	0	0	0	0	0	0	0	0	0	0	0	0	1	0	0	0	0	1	1	0	0	0	0	0
B07	0	1	0	0	0	0	0	0	0	0	0	0	0	1	0	0	0	0	0	0	0	0	0	0	0	0	0	0	0	0	0	0	1	0	0
B08	0	0	1	0	0	0	0	0	0	0	0	0	0	0	0	0	0	0	0	0	0	0	0	1	1	1	0	0	0	0	0	0	0	0	0
B09	1	0	0	1	1	0	0	0	0	0	0	0	0	0	0	0	0	0	1	0	0	0	0	0	1	0	0	0	1	1	0	0	0	1	0
B10	0	0	0	0	1	1	1	0	0	0	0	0	1	0	0	1	0	0	0	0	0	0	0	0	0	0	0	0	0	0	0	0	0	0	0
C13	0	0	0	0	0	1	0	0	0	0	0	0	0	1	0	0	0	0	0	0	0	1	0	0	0	0	0	0	0	0	0	0	0	0	0
C14	0	0	0	1	0	0	1	0	0	0	0	1	0	0	0	0	1	0	0	0	0	0	0	0	0	0	0	0	0	0	0	0	0	1	0
C15	0	0	0	0	0	0	0	1	1	0	0	0	0	1	0	0	0	0	0	0	0	0	0	0	0	0	1	0	0	0	0	0	0	0	0
C16	0	0	1	1	0	0	0	0	0	0	0	0	0	1	0	1	0	0	0	0	0	0	0	0	0	0	0	0	0	0	0	0	0	0	1
C17	0	0	0	0	0	0	0	0	1	1	1	1	0	0	0	0	1	0	0	0	0	1	1	0	0	0	0	1	1	0	0	0	0	0	0
C18	0	0	0	0	1	0	0	0	0	0	0	0	0	1	0	1	0	0	0	0	0	1	0	1	0	0	0	1	0	0	0	0	1	0	0
C19	0	0	0	0	0	0	0	0	1	0	0	1	0	0	0	0	1	0	1	0	0	0	0	0	0	0	0	0	1	0	0	0	0	0	0
C20	1	1	1	1	0	0	0	0	0	0	0	0	0	1	1	1	0	0	0	1	0	0	0	0	0	0	0	1	0	0	0	0	1	1	0
C21	0	0	0	0	0	0	0	0	0	0	0	0	0	1	0	0	1	0	1	0	0	0	0	0	0	0	0	0	1	0	0	0	0	0	1
C22	0	0	0	0	0	0	0	0	0	0	0	0	0	0	0	0	0	0	0	0	0	0	0	0	0	0	0	0	0	0	0	0	0	0	0
C23	0	0	0	0	0	0	0	0	0	0	0	0	0	0	0	0	1	1	1	0	0	0	0	0	0	0	0	0	0	0	0	0	0	0	0
C24	0	0	0	1	1	0	0	0	0	0	0	0	0	0	0	0	0	1	1	0	0	0	0	0	0	0	0	0	0	0	0	0	0	0	0
C25	0	1	1	0	0	0	0	0	0	0	0	0	0	0	0	0	0	0	0	0	0	0	0	0	0	0	0	0	0	0	0	0	0	0	0
C26	0	0	1	0	1	0	0	0	0	0	0	0	0	0	1	0	0	0	1	0	0	0	0	0	0	0	0	0	1	0	0	0	0	0	0

附表4（续）

指标	B06	B07	B08	B09	B10	C13	C14	C15	C16	C17	C18	C19	C20	C21	C22	C23	C24	C25	C26	C27	C28	C29	C30	C31	C32	C33	C34	C35	C36	C38	C39	C40	D44	D45	D46
C27	0	0	0	0	0	0	0	0	0	0	0	0	0	0	0	0	0	0	0	0	0	0	0	0	1	0	0	0	0	0	0	0	0	1	0
C28	0	0	1	0	0	0	0	0	0	0	0	0	0	0	0	0	0	0	1	1	0	0	0	0	0	0	0	1	0	0	0	0	0	0	0
C29	0	0	0	1	0	0	0	0	0	0	0	0	0	1	0	0	0	0	1	0	1	1	0	0	0	0	0	0	0	0	0	0	0	1	0
C30	0	0	0	1	1	1	0	0	0	0	0	0	0	1	0	0	0	0	0	0	0	1	1	1	0	0	0	0	0	1	0	0	0	0	0
C31	1	0	0	0	1	0	0	0	0	0	0	0	0	0	0	0	0	0	1	0	0	0	1	1	0	0	0	0	1	0	0	0	0	1	0
C32	0	1	0	0	0	0	0	0	0	0	0	0	0	0	0	0	0	0	0	0	0	0	1	0	0	0	0	0	0	0	1	0	0	0	1
C33	0	0	0	1	1	0	0	0	0	0	0	0	0	1	0	1	0	0	0	0	0	0	0	0	0	0	0	1	0	0	0	0	1	0	0
C34	0	0	1	0	1	0	0	0	0	0	0	0	0	0	0	0	1	0	0	0	0	0	0	0	0	0	0	0	0	1	0	0	0	0	1
C35	1	0	0	1	0	0	0	0	0	0	0	0	0	0	0	0	0	0	1	0	0	0	0	0	0	0	0	1	1	0	0	0	0	0	0
C36	0	0	1	0	0	0	0	0	0	0	0	0	0	0	1	0	0	0	0	0	0	0	0	0	0	0	0	0	1	1	1	0	0	0	0
C38	0	1	0	0	0	0	0	0	0	0	0	0	0	1	0	0	0	0	0	1	0	0	0	0	0	0	0	0	0	1	1	1	0	0	0
C39	0	0	0	1	0	0	0	0	0	0	0	0	0	0	0	0	0	0	0	0	1	0	0	0	0	0	0	0	0	0	0	1	0	0	1
C40	0	0	0	0	0	0	0	1	0	0	0	0	0	0	0	0	0	0	1	0	0	0	0	0	0	0	0	0	0	0	1	1	1	0	0
D44	0	0	0	0	0	0	0	0	0	0	0	0	0	0	1	0	0	0	1	0	1	0	1	1	0	0	0	0	0	0	1	1	0	1	1
D45	0	0	0	0	0	0	0	0	0	0	0	0	0	0	1	1	0	0	0	1	0	0	0	0	0	1	0	1	0	0	0	0	0	1	1
D46	0	0	0	0	0	0	0	0	0	0	0	0	0	0	0	0	0	0	0	1	0	0	0	0	0	1	0	0	0	0	0	0	0	0	1

注：根据第四章第一节相关方法计算而得。

附表 5　工业大类行业的重要关联行业筛选（详表一）

指标	重要关联行业筛选	
	条件一：上游行业（$a_{ij} > \bar{a}_j$）	条件二：下游行业（$a_{ij} > \bar{a}_i$）
B06	D44；C34−C35；G；C31−C32；C33；J；C38；C26−C29；C25	D44；D45；C25；C30；C31 C32；C26−C29
B07	D44；C34−C35；C31−C32；C25；C26−C29；G；C40；J；C38；M；F	C25；D45
B08−B09	D44；C34−C35；C25；G；C26−C29；C33	C31−C32；C33；M
B10	C26−C29；D44；G；C34−C35；C25；C30	C30；C26−C29；E
C13−16	A；C26−C29；G；F；C22−C24	H；A；R；C18−C19；O
C17	A；C26−C29；D44；	C18−C19；C41
C18−C19	C17；C26−C29；C13−C16；A；G	R；C20−C21；C17；S；L；F；N；Q；D45；C36−C37
C20−C21	A；C26−C29；C31−C32；C33；D44；G；F	C22−C24；R；L；P；S；J；G；C30；I
C22−C24	C26−C29；C42；A；D44；G；F；C20−C21；C17	G；C26−C29；B08−B09；C25；C31−C32；D44；B10；B07；C30；N；L；S
C25	B07；B06；G；D44	C26−C29；Q；C22−C24；C17；B10；C40；M；O；C20−C21；C38；A；C30；C39
C26−C29	C25；D44；A；G；B07	E；C30；B10；C40；C38；C39
C30	C26−C29；B10；D44；B06；G；C25；C34−C35；C33；C31−C32；J；C22−C24；F	E；B10；C40；C38
C31−C32	B08−B09；D44；C25；C42；C34−C35；G；B06	C33；C38；C34−C35；E；C36−C37；C41；B07；B06
C33	C31−C32；C34−C35；D44；C26−C29；G；F	C41；C38；C34−C35；C40；E；D46；C30；C39；C20−C21；B08−B09；L；B06；M；M
C34−C35	C31−C32；C38；C33；C26−C29；C39；F；G；D44	C36；B08−B09；B06；B07；B10；Q；C33；C38；C31−C32；E；C30；C40
C36−C37	C31−C32；C34−C35；C26−C29；C38；F	G；G；O；L；N

指标	重要关联行业筛选	
	条件一：上游行业（ $a_{ij} > \bar{a}_j$ ）	条件二：下游行业（ $a_{ij} > \bar{a}_i$ ）
C38	C31-C32；C26-C29；C39；C34-C35；C33；F；G	L；I；C40；C34-C35；D44；E；M；C36-C37；C39；N
C39	C26-C29；C38；C31-C32；F；C33；J	C40；L；I；C38；M；O
C40	C39；C26-C29；C38；C33；C31-C32；C30；C34-C35；F	M；P；D44；O；I；B07；C36-C37；N
C41	A；C31-C32；C26-C29；C17；C33；C20-C21；G；C22-C24；F；C30	C40；O；C34-C35；B10；L；C38；B08-B09；C22-C24
D44	B06；C25；C38；C40；J	D46；B10；B07；B08-B09；C30 B06；C26-C29；C31-C32；C33
D45	B06；B07；J；G；C25；C36-C37	B10；B08-B09；D46；H；C26-C29
D46	D44；C26-C29；J；C33；C36-C37；N	P；H；C22-C24；O；M

注：①此表的条件一与条件二根据《2012 年中国投入产出表》直接消耗系数计算得到，但为了同其他指标保持一致，行业代码则具体参照 2017 年国民经济行业分类（GB/T 4754—2017）。

②由于开采专业及辅助性活动（B11）和其他采矿业（B12）占比较小；其他制造业（C41）GB/T 4754—2017 与 GB/T 4754—2011 相比小类内容变化较大，数据不易拆分；废弃资源综合利用业（C42），金属制品、机械和设备修理业（C43）发布数据时间很短，因此本书对这 5 个行业不做分析。

附表 6　工业大类行业的重要关联行业筛选（详表二）

指标	条件三：显著的产业间传导	重要关联行业
B06	C20；C31；C35；D44；H；K	C31；C35；D44
B07	C25；C37	C25
B08	B06；C20；C22；C25；C26；C28；C31；C35；H	C25；C26；C28；C31；C35
B09	B06；C13；C15；C20；C24；C29；C32；C33；C34；C36；C38；E；H；O	C29；C32；C33；C34
B10	B06；B08；C22；C26；C31；C32；C30；C34；C35；C40；H；K	C26；C30；C34；C35
C13	C22；C27；C28；D44；D45	C22；C27；C28
C14	B10；C15；C29；D46；H；O	C29；H；O
C15	C14；C18；C36；C40；E；F；H	C18；F
C16	C14；C17；C19；H；M	C19；H
C17	C18；D45；E；I	C18
C18	C17；C20；F；H	C17；C20；F
C19	C15；G；I	G
C20	C13；C33	C33
C21	B07；C13；C15；C16；C19；C20；C29；C30；C33；C34；C37	C29；C30；C33
C22	C13；C19；C20；C26；C31；C32；C37	C26；C31；C32
C23	C14；C19；C20；C26；C37；C41；E；F；H	C26
C24	C15；C17；C18；C20；C23；C29；C34；C37；G	C29
C25	K	—
C26	B09；C20；C22；C24；C25；C28；C31；C35；C40；D46；K；P	C25；C40
C27	C21；C28	C21；C28
C28	C17；C18；C36；C39	C17；C18；C36；C39
C29	B10；C17；C18；C19；C23；C34	B10；C17；C18；C19；C23；C34
C30	C17；C18；C31；C36；D45；D46；H；K；Q	C31；C32

指标	条件三：显著的产业间传导	重要关联行业
C31	B06；B08；O	—
C32	B08；B09；C27；C31；C36；D44；E；F；H；I；J；K	B08；B09；C36；D44；E
C33	C30；C32	C30；C32
C34	C13；C20；C29；C30	C13；C20；C29；C30
C35	C17；C18；C20；C28；C30	C17；C18；C20；C28
C36	B06；B08；C18；C20；C26；C31；C35；D44；D45；F；H；K；N；O；P	C26；C31；D44；F；O
C37	B06；B09；C21；C30；D46；H；M	—
C38	C37；C40	C37；C40
C39	C40	C40
C40	B07；C19；C21；C23；C33	B07；C19；C21；C23；C33
C41	B09；C14；C21；C27；C29；C31；C37	C27；C29；C31；C37
D44	B07；B08；C16；C28；C39；I；J；L	B07；B08；C28；J
D45	C16；C17；C20；C22；C27；C31；C36；L；M；P；Q	C27；C36
D46	C16；C21；C34；C36；D45；E；G；I；M；N；O；Q；S	C36；M；N；O

注：①条件三根据第四章基于 VAR 的 Granger 因果关系检验计算而得；

②重要关联行业根据式（4-1）计算而得。

附表7　大类行业产能过剩风险特征分析

指标	过剩风险发生次数	过剩风险发生率(3个月及以上)/%	过剩风险发生率(6个月及以上)/%	平均持续时间/月	最长持续时间/月	平均深度/%	最大深度/%
B06	10(7)	46.8	40.43	8.80	17(2005.4—2006.8)	81.08	425.9(2008.12)
B07	14(3)	30.85	11.17	4.14	7(2008.9—2009.3; 2012.2—2012.8)	168.01	763.31(2017.2)
B08	9(5)	41	33.51	8.56	16(2014.2—2015.5)	53.67	520.2(2009.2)
B09	13(8)	44.7	34.04	6.46	13(2011.10—2012.10)	133.86	631.8(2008.12)
B10	10(4)	35.7	21.08	6.60	15(2011.10—2012.12)	94.93	827.4(2008.12)
C13	11(5)	37.3	24.86	6.27	16(2008.5—2009.8)	216.65	514.5(2008.12)
C14	9(5)	36.17	28.72	7.56	14(2014.5—2015.5)	69.21	662.52(2009.2)
C15	8(5)	32.98	26.60	7.75	19(2011.12—2013.6)	165.47	601.83(2009.3)
C16	11(2)	22.87	6.91	3.91	7(2015.8—2016.2)	22.66	1512.3(2002.5)
C17	10(6)	40	31.38	7.50	13(2004.4—2005.4; 2011.5—2012.5)	346.22	773.8(2011.12)
C18	13(7)	41.08	29.73	5.85	11(2012.9—2013.7)	94.57	790.3(2005.3)
C19	7(0)	12.77	0.00	3.43	5(2010.5—2010.9)	85.73	407.7(2012.5)
C20	10(5)	37.23	27.66	7.00	16(2014.11—2016.2)	208.60	757.6(2009.3)
C21	11(1)	22.87	4.26	3.91	8(2009.8—2010.3)	120.60	418.7(2012.2)
C22	12(3)	30.32	13.30	4.75	11(2008.10—2009.8)	341.39	723.1(2009.2)
C23	2(0)	3.24	0.00	3.00	3(2005.12—2006.2)	417.80	778.8(2012.3)
C24	6(4)	45.31	39.84	9.67	18(2007.8—2009.1)	103.90	337.4(2011.4)
C25	16(2)	38.1	8.52	4.19	8(2014.8—2015.3)	102.67	595.8(2008.12)
C26	13(4)	34.6	16.76	4.92	13(2011.9—2012.9)	120.16	879.9(2008.12)
C27	14(5)	42.02	25.00	5.64	15(2008.7—2009.9)	153.90	473.1(2006.2)
C28	13(4)	30.32	11.70	4.38	10(2008.5—2009.2)	121.93	775.5(2011.12)
C29	11(4)	45.31	27.34	5.27	11(2011.9—2012.9)	114.82	534(2008.12)
C30	8(5)	40	32.97	9.13	21(2014.4—2015.12)	211.78	477.3(2012.1)
C31	13(3)	34	13.30	4.92	11(2008.9—2009.7)	194.76	740.1(2017.5)
C32	13(7)	44.2	30.85	6.38	13(2011.9—2012.9)	137.20	446.5(2008.12)
C33	11(5)	45.74	32.45	7.82	18(2011.5—2012.10)	88.29	569.1(2009.1)
C34	11(4)	41.49	27.13	7.09	16(2011.9—2012.12)	118.60	710.4(2009.2)

指标	过剩风险发生次数	过剩风险发生率(3个月及以上)/%	过剩风险发生率(6个月及以上)/%	平均持续时间/月	最长持续时间/月	平均深度/%	最大深度/%
C35	6(4)	36.17	32.45	11.33	22(2014.5—2016.2)	90.25	623.7(2012.3)
C36	4(2)	17.2	11.72	5.50	9(2009.5—2010.1)	45.59	2622.2(2010.3)
C36-1	3(2)	40.9	29.50	6.00	7(2015.6—2015.12)	57.16	606(2015.3)
C36-2	4(2)	52.3	31.80	5.75	8(2016.11—2017.6)	146.59	244(2017.3)
C38	9(5)	41.49	33.51	8.67	17(2011.5—2012.9)	136.92	754.9(2009.2)
C39	7(1)	15.43	4.79	4.14	9(2009.5—2010.1)	47.87	3555.5(2010.3)
C40	9(6)	35.11	30.32	7.33	13(2014.12—2015.12)	30.06	2554.3(2002.5)
D44	15(3)	32.98	10.64	4.13	7(2007.8—2008.2;2015.2—2015.9)	102.85	453(2006.2)
D45	12(3)	32.45	14.36	5.08	10(2008.11—2009.8)	94.42	421.8(2011.12)
D46	12(6)	39.36	28.72	6.17	12(2005.11—2006.9)	132.11	1608.6(2010.10)
工业	11(3)	31.2[1]	21.20	5.4	13(2011.9—2012.9)	123.69	718.1(2008.12)

注：①产能过剩风险发生次数列括号中为6个月及以上产能过剩风险发生次数；②最长持续时间列括号中为起止时间；③最大深度列括号中为样本期内最大谷值点发生时间；④附表7工业3个月及以上产能过剩风险发生率同第三章结果不同，因第三章工业产能动态监测指数样本时期从2001.1—2017.9，而附表5同大类行业对比，样本时期为2002.1—2017.9；⑤表中C36-1代表汽车制造业，C36-2代表铁路、船舶、航空航天和其他运输设备制造业。

后记

笔者在写作过程中发现，心境的锤炼与良好的学术习惯养成远超于学位所赋予的实际价值。有"独上高楼，望尽天涯路"的苦闷求索，有"山重水复疑无路，柳暗花明又一村"的欢悦和欣喜。这既是一个科研素养和能力破而后立的过程，也是一个科研需求由功利转向自我需要的过程。

这个过程中得到了太多人的鞭策、鼓励和帮助。导师刘扬教授从如何做学问到如何做人都给了笔者莫大的帮助，小到标题的遣词造句，大到本书的结构安排，以致学习和生活中的点点滴滴都使得笔者受益匪浅。刘扬教授的开导与帮助促成了笔者人生中的一次重大决策，这次重大决策使笔者对工作、生活和人生有了更为深刻的体会与理解，让笔者知晓人生的真正价值在于我们能利用所知所学为这个世界做点什么。

纪宏教授从本书的开题到后期的写作和修改都提出了十分宝贵的建议。王会娟副教授、刘苗副教授在本书的修改过程中给予了无私的帮助，在他们的建议和指导下，本书内容更加完善。此外，张连城教授、胡永宏教授、赵彦云教授、程维虎教授、高兴波教授、苏雪串教授也为本书的出版提出了宝贵建议并给予了无私帮助。曾共同奋斗过的兄弟姐妹们亦是笔者坚持写作的动力之源。在此，笔者向他们一并表达深深的谢意和对未来的祝福。

本书第六章以部分典型大类行业的产能均衡监测和过剩风险预警结果为例进行分析，限于篇幅，附录中不再展现其他大类行业的产能均衡监测和过剩风险预警结果，如有需要，请联系笔者（caotwopony@ 126.com）。

　　当然，因为时间和水平等各方面的限制，书中难免有不足之处，敬请广大专家、读者批评指正。

曹颖琦

2022 年 10 月